驛站

古時交通不便，送信人要[illegible]人手上，就算騎馬也會用上數天至數個月。驛[illegible]馬匹的地方，可說是郵政局的前身呢！

飛鴿傳書是真的嗎？

在武俠小說常出現「飛鴿傳書」，鴿子真的可以為人送信啊！人們利用牠們的歸巢本能，把馴養了的鴿子帶到外地再放走，讓牠們帶着訊息回巢。不過鴿子郵差只能往返兩三個地點，無法像小說中送信給特定的人啊！

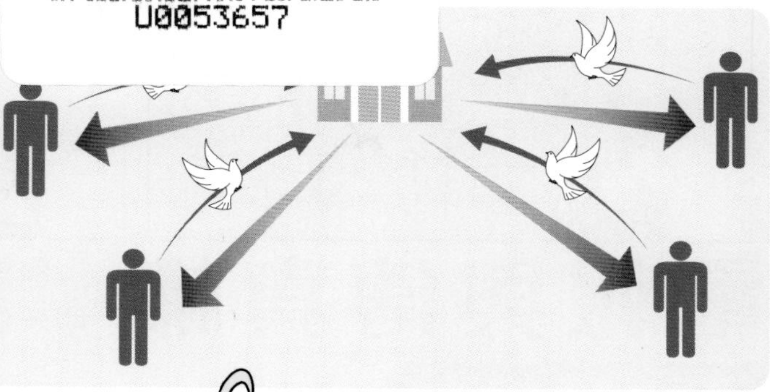

剛才的訊息是傳送到手機上的，不會那麼古老吧！
是嗎？那就是發現電之後的事了！

由電開始的通訊革命

科學家在十九世紀發現電與電磁，把電用於傳遞訊息中，通訊就有了翻天覆地的改變！

有線電

把訊息轉換成電訊號，以特定節奏（脈動）經電線傳送到目的地，再把電訊號換回訊息。

光纖

光纖主要由玻璃（矽）製造，當訊息轉換成光訊號進入光纖，會不斷反射，傳遞到另一端。

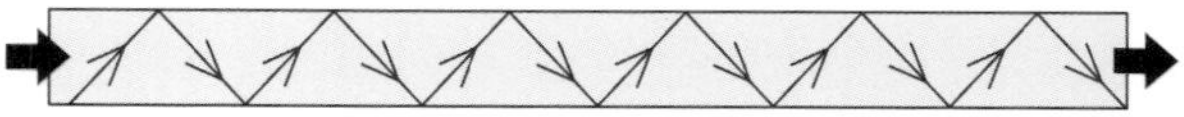

無線電

無線電是利用電磁波中的無線電波來傳送訊息。電磁波的頻率非常寬，除了無線電波，常見有紅外光、可見光、紫外光，也有能量較高的伽瑪射線等。

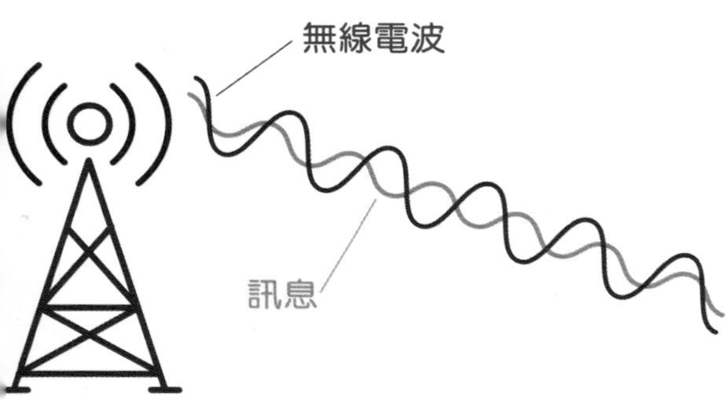

衛星

訊息經電磁波傳送到圍繞地球運行的衛星，再傳回地球的接收器。衛星多用於大範圍傳送或沒有光纖的地方。

電報與傳真機

科學家發現電的特性後，利用電傳訊的發明一個接一個誕生了！

針式電報機

英國發明家威廉．庫克和查爾斯．惠斯通，利用鐵針通電後會產生磁力的特性，製造了五針電報機，於1838年首次用於商業上。

→面板上刻有不同字母，指針通電後會改變方向，兩針指着的就是訊息字母。

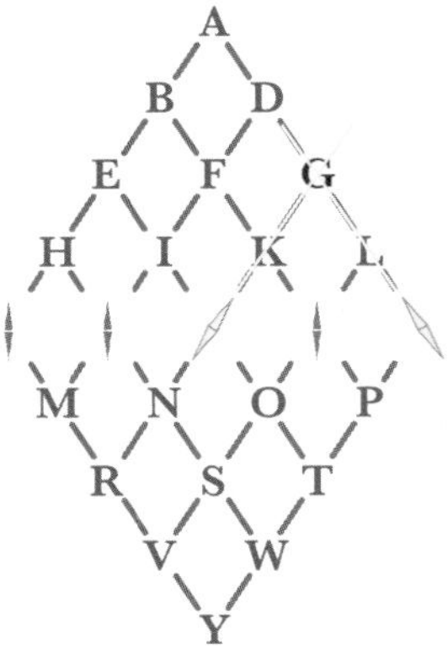

Photo Credit: "Cooke and Wheatstone electric telegraph" by Geni / CC BY-SA 4.0

Photo Credit: "Morsetaste" by Hp.Baumeler / CC BY-SA 4.0

單線電報機

為了降低成本，美國於同年採用了薩繆爾．摩斯和艾爾菲德．維爾發明的單線電報機及摩斯電碼，發報員及接收員都需接受編碼的訓練。

國際通用的摩斯電碼求救訊號是SOS，大家一定要記住啊！
S · · ·
O — — —
S · · ·

摩斯電碼

摩斯電碼由短音（點）和長音（線）組成，加上空白間隔，可迅速發送訊息，遂成為美國和英國電碼的標準。這套編碼後來改良成國際摩斯電碼，可用聲音或光線表示。

跨越地域的電報

到了1850年，由英國到歐洲大陸的第一條海底電纜架設了！而英國至美洲橫跨大西洋的海底電纜也在1866年啟用，自此能通過電報，把訊息快速傳送到遠方。

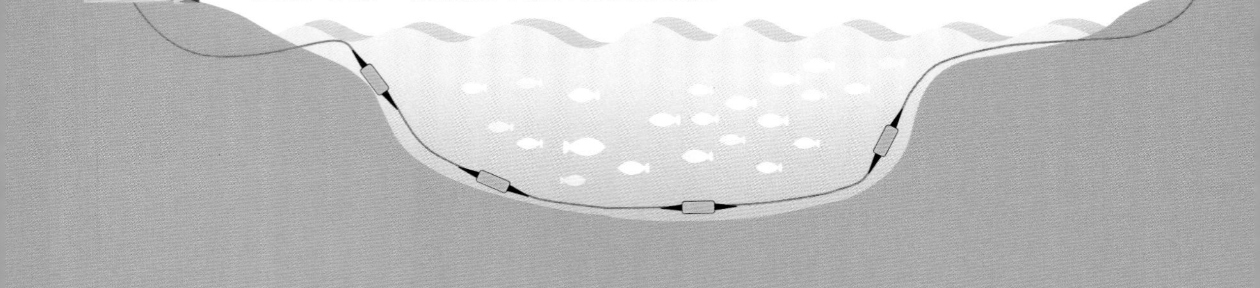

電傳打字機

傳統電報要經訓練的電報員才懂發出和讀取，所以出現了帶有鍵盤和自動列印電報的電傳打字機。發送員按下字母鍵，就能製作打孔卡，把打孔卡發送給收件人，對方的電報機就能列印出對應文字。

Photo Credit: "Fernschreiber hg" by Hannes Grobe / CC BY-SA 4.0

打孔卡

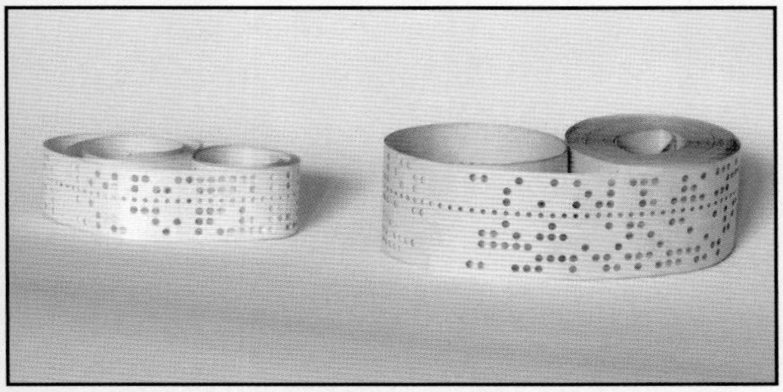

發明家雅卡爾在1804年發明了一部織布機，能以打孔卡給予指令，令織布機「自動」織出圖案。自此以後，打孔卡的應用日漸廣泛，可說是電腦程序的前身。

傳真機

無論是電報機還是打字機，都只能傳送文字，可是有時候也需要傳送圖像啊！經過多年研究，約在1865年終能把圖像「掃描」，轉化成電訊號傳送出去。

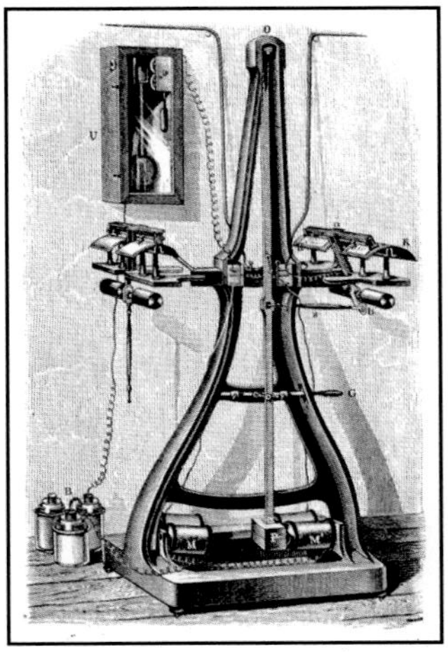

→意大利神父卡塞利發明的傳真電報機（pantelegraph），是第一台商業化使用的傳真機。

辦公室必備工具

傳真機在十九世紀已出現，卻一直未有普及。至一百年後，才成為辦公室必不可少的聯絡工具，雖然現在多用電郵，但有些辦公室仍保留着傳真機。

無線電報

在十九世紀末期，意大利發明家馬可尼、美國工程師特斯拉等都嘗試利用無線電波收發訊息。無線電報在二十世紀初正式投入應用，之後甚至能傳至大西洋對岸了！

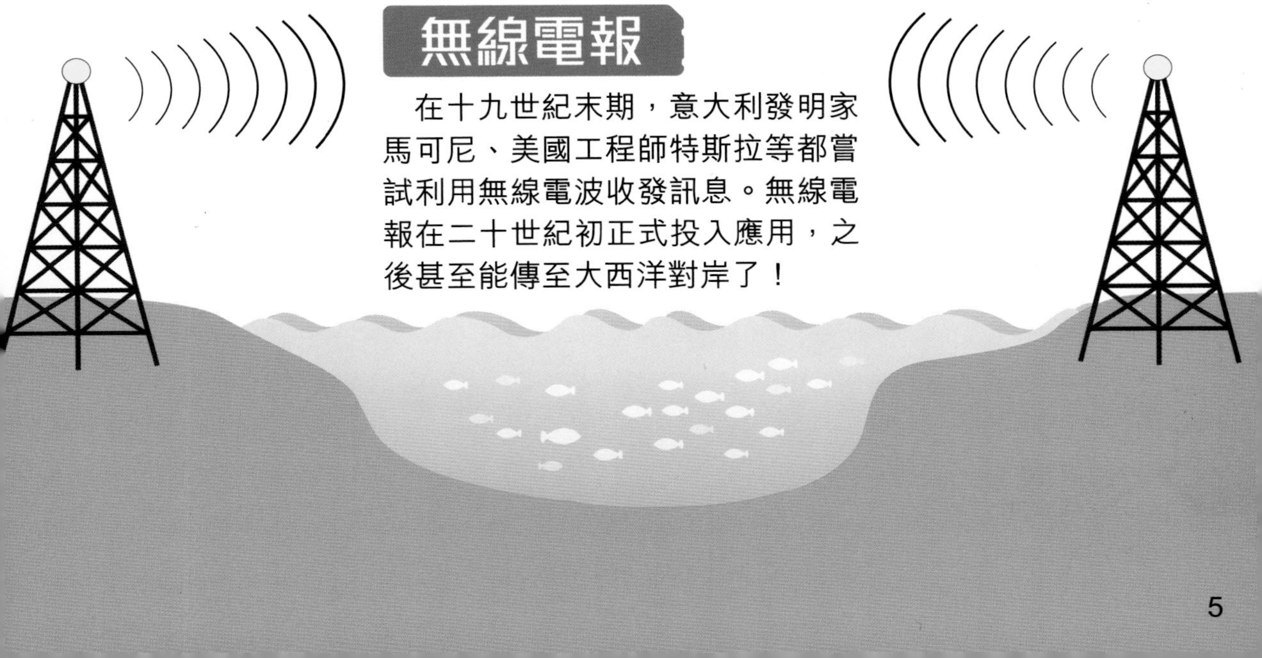

可是我們收到的是聲音訊息，不是文字！
沒錯，是用電話傳來的啊！

固網電話

受到電報的啟發，很多科學家和發明家也提出過以電傳送聲音的概念，可是造出來的發明不是聲音品質不好，就是只能單向傳輸。

聲音電報

意大利發明家安東尼奧．穆齊年輕時在劇院擔任舞台技師，搭建了連接控制室與舞台的通話裝置。及後，他意外發現電能傳遞聲音，多次嘗試後製造出「聲音電報」並申請專利，可惜3年後因付不起專利的費用，只能作罷。

Photo Credit: "Telefono di Meucci - Museo scienza tecnologia Milano 02148-02147 dia" by Meucci Antonio (inventore), Officine Galileo (costruttore) / CC BY-SA 4.0

→1920年代流行的燭台電話，當時須要接線員把電話轉駁呢。

電話商業化

蘇格蘭發明家及聾人教師亞歷山大．貝爾一直致力於研究聲音及發聲，他發現能通過電線傳遞不同音調，繼而發明了電話。在1876年，貝爾為他的發明申請專利，並在翌年投入商業營運。

長途電話

到了1915年，貝爾撥打了由紐約到舊金山的跨大陸長途電話，雖然這次通話要經過5個電訊商，花23分鐘連接，但也為遠距離電話通訊奠下基礎。

↑接線員接到電話，會把電話線插到對應號碼的交換板上，或轉駁至另一地區，讓該區的接線員處理。

接線員是甚麼？

以前撥打電話後，須要人手接駁。接線員就是在電訊交換局工作，幫忙把電話轉接的人。不少國家的電話號碼中有地區編號就是方便轉接呢，現在已經由電腦處理了。

移動通訊

當發明無線電電報後，開始有人思考無線電能否用在電話上呢？

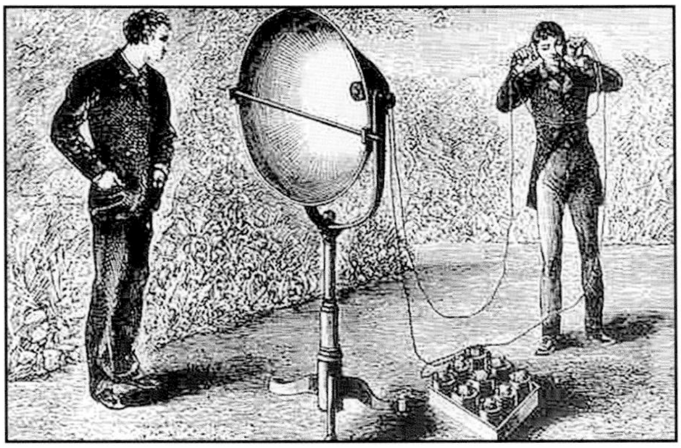

光影電話

1880年，貝爾成功利用鏡子和透鏡反射陽光，把光線連同聲音傳送到230米外的地方，可惜這方法會受天氣、障礙物等影響，限制太多，未能投入使用。

火車與汽車電話

約在1924年，德國首先在火車上安裝了電話，供頭等乘客使用。於1940年代，無線電電話也開始安裝在汽車上，那時撥打一通電話非常昂貴，能同時接通的電話數量也不多。

←當時的無線電電話須連接發送及接收器，不便攜帶，所以會安裝在交通工具上。

Photo Credit: “MfK Bern - Natel B, Indelco Compact 801625” by Sandstein / CC BY-SA 3.0

第一部手提電話

到1973年，摩托羅拉公司（Motorola）開發了較輕便的手提電話，這部電話每次只能通話30分鐘，然後要充電10小時。及後經過多年研發，直至1983年才正式推出市場。

Photo Credit: “DynaTAC8000X” by Redrum0486 / CC BY-SA 3.0

功能型手機

在1990年代，各大製造商紛紛推出不同類型的功能型電話，它的功能有限，能做到語音通話及簡單的文字訊息，到了後期，開始有黑白或解像度低的彩色熒幕。

→當時流行的手機通常上半部分為屏幕，下半部分為實體鍵盤。

Photo Credit: “Nokia 130” by Nikhilb239 / CC BY-SA 4.0

智慧型手機

到了2005年左右，手機的發展突飛猛進，能做到的事情也不斷增加，如收發電郵、傳送圖片及短片、下載應用程式等，熒幕的質素也大有改善，鍵盤由實體變成觸屏，功能甚至能媲美電腦了。

智慧型手機就是大家現在於市面看到的手機啊！

流動通訊系統

很常會聽到「4G」、「5G」等，「G」是Generation（世代）的意思，代表它是第幾代的流動通訊系統。

0G

亦稱為前流動通訊時代，剛開始時只支援同時單向傳訊，後來才做到同時雙向傳訊。挪威在1966年率先使用，當時仍須要接線員代為接駁電話，而且僅能傳送語音。

1G（約1980年～）

與0G一樣使用模擬訊號傳訊，它在傳送時須用較多資源，由一個基地站移動至另一個基地站的接收範圍時，通訊也容易中斷。

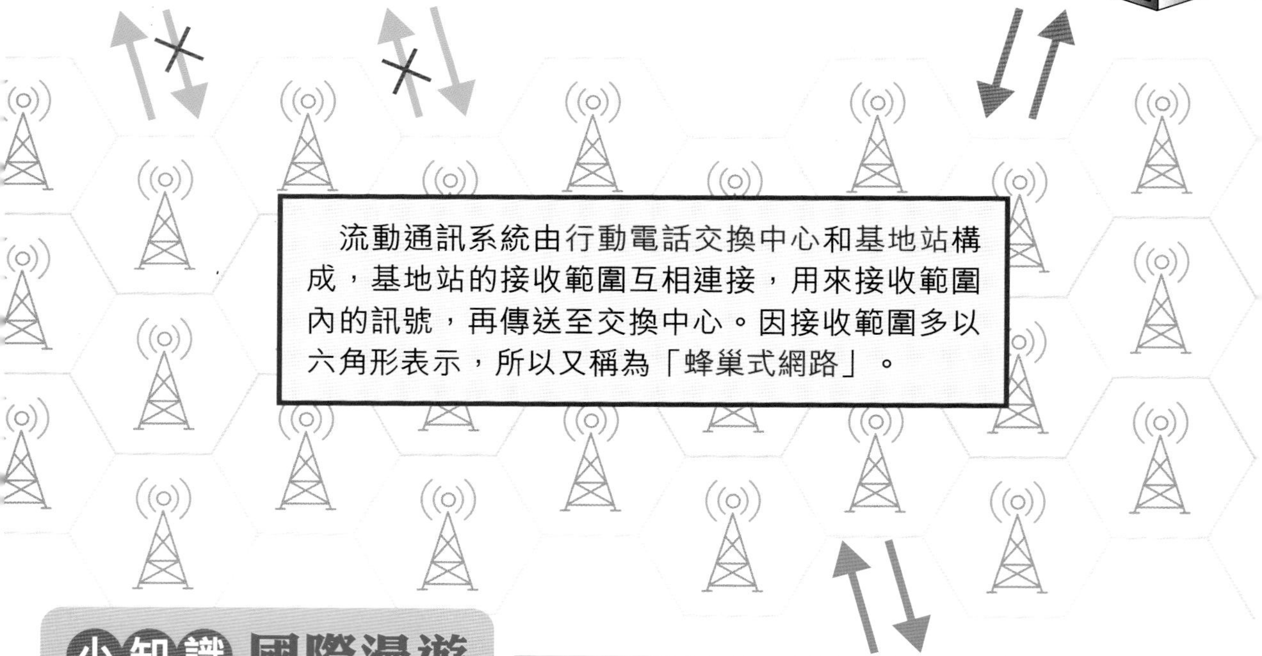

流動通訊系統由行動電話交換中心和基地站構成，基地站的接收範圍互相連接，用來接收範圍內的訊號，再傳送至交換中心。因接收範圍多以六角形表示，所以又稱為「蜂巢式網路」。

小知識 國際漫遊

本地電訊商與外國電訊商合作，讓客戶身處外地時能使用流動通訊服務。因國際漫遊的收費一般較本地通訊服務高，旅行時要注意啊！

2G（約1991年～）

改用數碼訊號來傳輸，傳送時佔用的資源較少，能同時傳送的訊息增加。而且更注重把訊息加密，令其他人難以竊聽內容。除了語音外，還能傳送簡單的文字訊息。

3G（約2001年～）

前期

可說是加強版的2G，能更快速傳送圖片及文字訊息，也能連到互聯網瀏覽網頁。隨着「4G」普及，使用人數減少，雖然香港仍在運作，但不少國家及地區已經淘汰了。

後期

4G（約2011年～）

現時最廣泛使用的系統，正如大家的親身體驗，它能快速地傳輸高質量的圖文及影片。

模擬訊號

為連續的訊號，理論上接收到的訊息能非常接近發送的狀態，但在傳送過程中容易受干擾。

數碼訊號

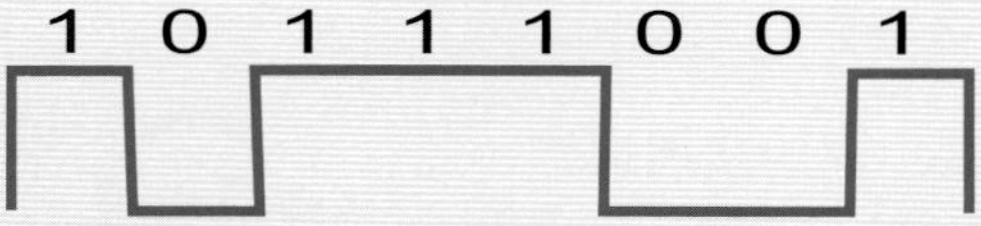

一般會把訊息轉譯成「1」和「0」的訊號，傳送出去，接收器收到訊號後，再還原為訊息。

小知識 流動通訊VS Wi-Fi

流動通訊系統和Wi-Fi都能無線傳輸訊息，如兩者互相配合使用，就能建構出更完整的無線通訊網路。

流動通訊系統

為了長距離通訊而開發，覆蓋範圍較廣，而且服務由電訊商提供。

Wi-Fi

多使用在室內或特定範圍，如家庭、旅遊景點等，訊息會經具Wi-Fi功能的裝置，通過流動通訊系統或光纖傳送，能自行安裝。

5G（正在建設中）

與4G相比，5G傳輸的速度更快，而且能同時讓更多裝置連接，以迎接物聯網（IoT）的時代。

優點

- 傳訊速度快
- 減少延遲
- 讓更多裝置同時連接網路

缺點

- 須多建小基站
- 有機會干擾衛星接收

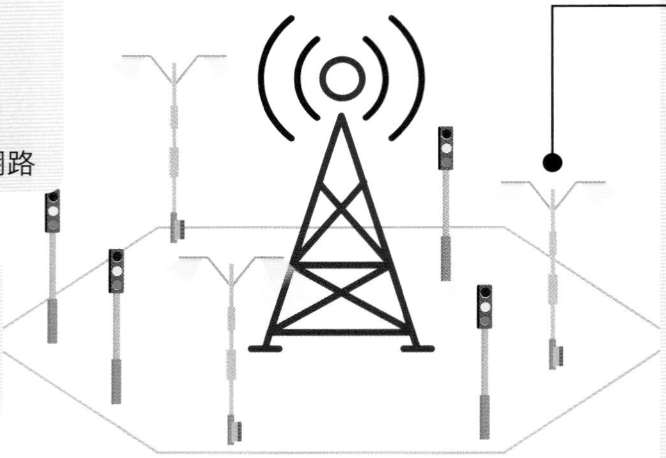

小基站

5G使用較高頻率的無線電波，其特點是頻譜寬，傳輸距離短，所以要多建小基站作連接。這些小基站體積小，可安裝在電燈柱或交通燈上。

打造智慧城市

物聯網（IoT）就是在各種物件上安裝感應器，再連接到網路，令物件能傳送實時資料，使用者也能得到即時回應。4G連接裝置的數量無法應付物聯網的需求，所以世界各國都努力建設5G網路。

交通

Mssa全球交通行動服務

Mssa是指整合各種不同的交通運輸，監察車輛的位置和載客量，讓乘客知道實時交通狀況、安排行程及購買車票等。

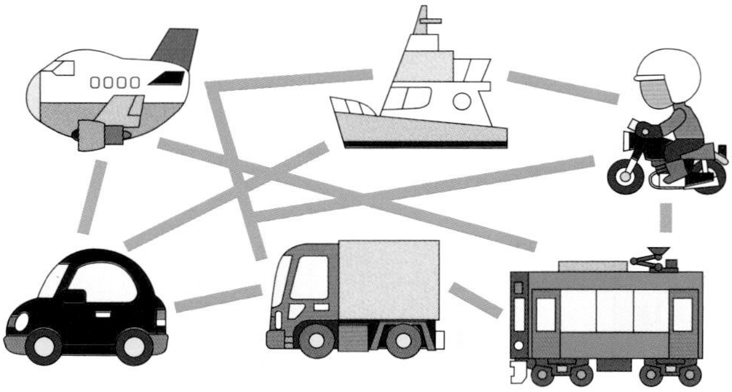

自動駕駛

自動駕駛汽車的外表暫時與一般汽車無異，仍須要一名司機坐在駕駛席。它們能判斷路面情況，自行到達目的地，接收到的訊息愈多，判斷就愈準確了。

機械化物流

有想過由整理到運送貨物，全都由機械人包辦嗎？不少大型物流公司已用AI根據訂單拿取貨品；日本也正在試驗用無人駕駛的送貨車運送貨品及外賣食品了。

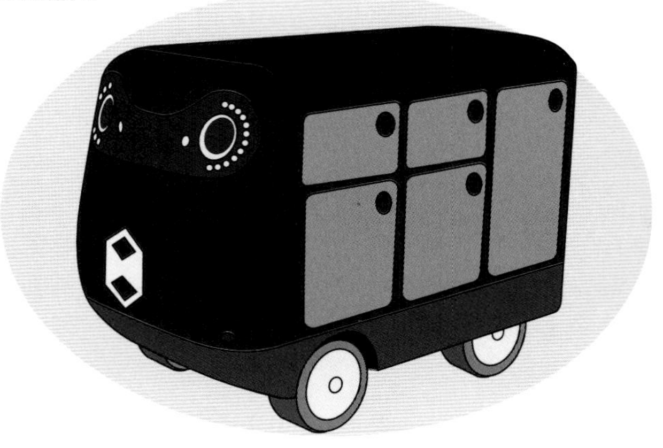

工業

工廠自動化

當工廠內所有機器都連接到網路，就能遙距控制，這不單能節省人力，也可維持產品的質素。

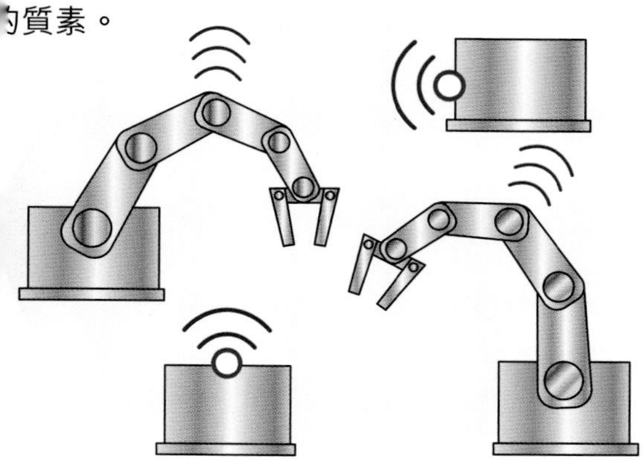

植物工廠及人造肉

因全球人口急增及氣候變化等，各地都興起培育植物的工廠，那裏可控制溫度和濕度，自動施肥灌溉，還能避免受天氣及害蟲影響啊！而最近很常聽到的「植物肉」，就是用植物成分製造模仿肉類質感的素肉，此外也有利用蛋白質及肉類成分製造的培養肉。

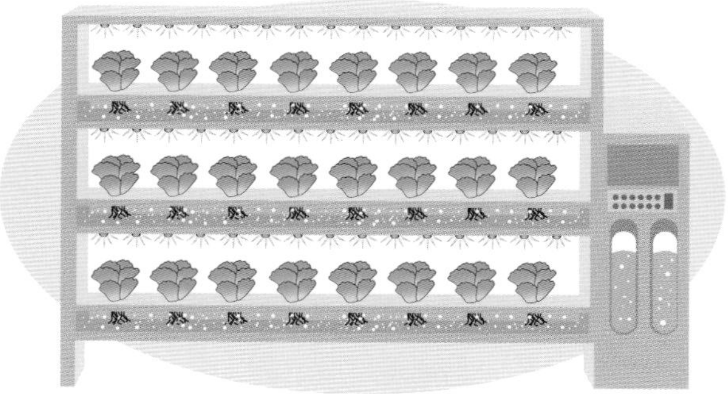

在地化生產

自動化後，生產成本降低，加上疫情影響跨國營運，令廠商把生產搬回本國，或分散至多個地方，再經網路管理。

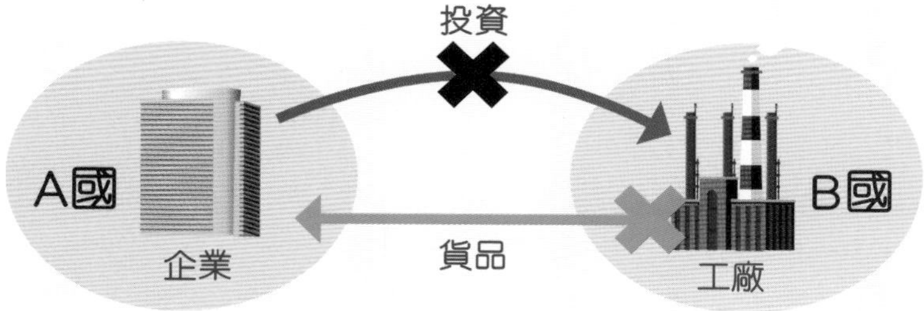

能源

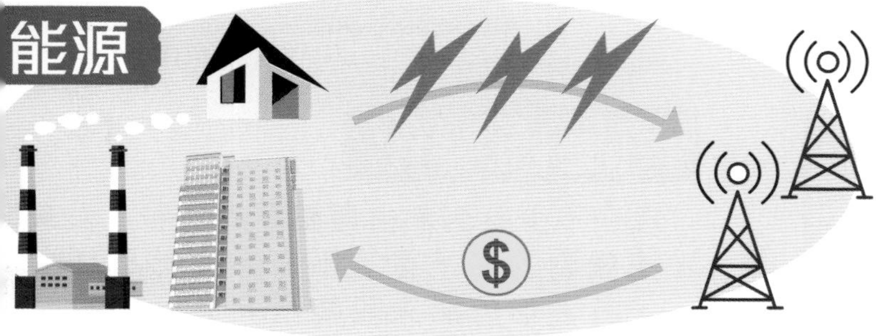

上網電價

香港在2018年推行「上網電價」計劃，讓安裝了太陽能發電、風力發電的市民能把電賣回給電廠。現時全球有三十多個國家已經推行這政策，配合AI分配能源，就更有效益了。

雲端運算

不少軟件都推出了網頁版，用家不用再下載軟件就能使用。由於程式在軟件公司的伺服器運行，能節省用家電腦的資源，但相對要有穩定的網絡。

看來還是無法破解，頑皮貓快來了，直接問他吧。

5G如何改變生活？

5G帶來的科技發展，部分已經實現，有部分則尚在萌芽階段，大家做好準備迎接這樣的未來了嗎？

共享經濟

原意是把東西在不使用時出租給別人，如汽車、房間等。現在能通過網路快速地把出租者與租用者配對，物盡其用。

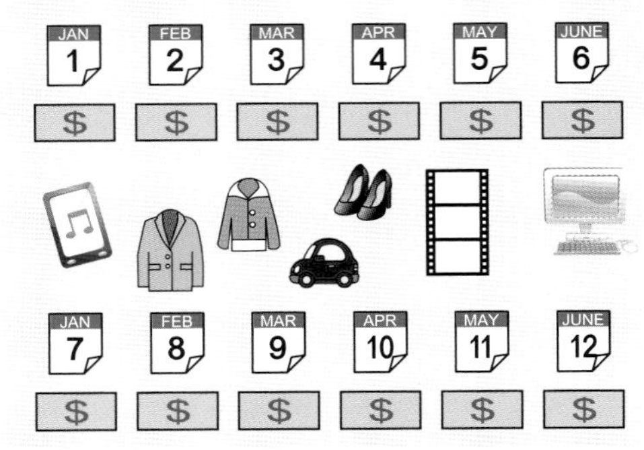

租用代替購買

由電腦軟件到電器傢俬，都能以繳付月費形式租用，好處是不用一次過付一大筆錢購買，不使用時可停止繳付租用金，令生活變得更靈活。

個人化商品

不少社交網站及購物網站會記錄用戶行為，如瀏覽過的資訊、搜尋過的關鍵字等，為客戶「度身訂造」推薦商品廣告。同時工廠也能根據客戶要求，小量生產「客製化」的產品。

商品虛擬化

現在不少東西都由實體變成虛擬，大家最常接觸到的電子書、串流音樂都是其中之一。有人估計將來可能所有東西都會虛擬化，要自行用立體打印機打印呢！

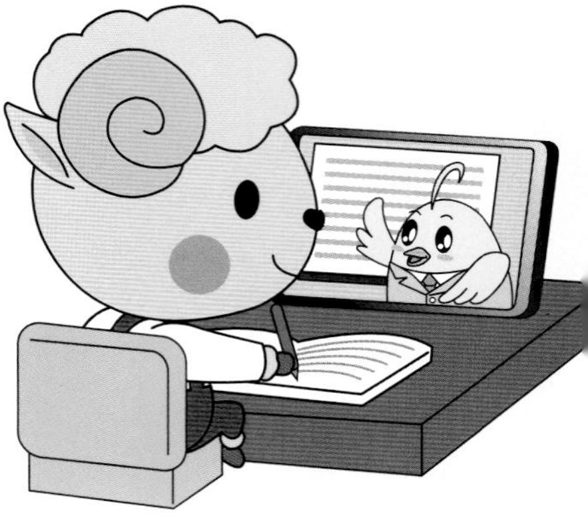

遙距交流

在疫情期間，大家都要遙距上課，也有醫生以視像問診，了解病人的身體狀況，在外國，更有醫院遙距控制機械臂為病人做手術。有人認為這會影響社交及生活，亦有人認為天涯若比鄰，反而能拉近人與人之間的距離，不知道你怎樣看呢？

研發中的6G

5G仍未普及，各國專家均已經開始研究6G了。

6G是甚麼？

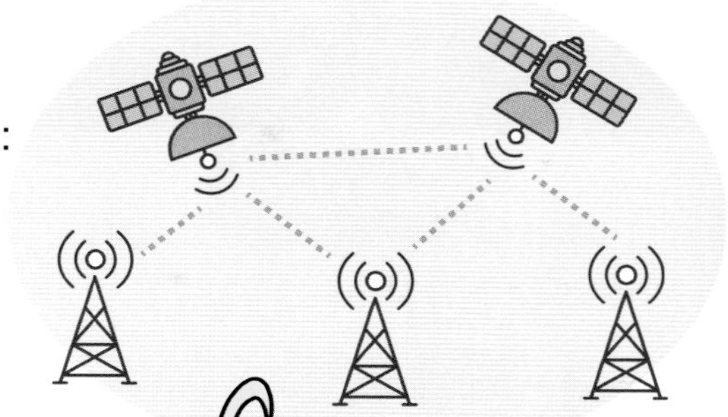

6G尚未有明確的標準，但專家估計會有以下特徵：

- 結合衛星傳訊，讓無線網路覆蓋範圍更廣闊
- 比5G更快和更少延遲
- 讓各種智能設備整合，有效分配資源
- 耗用能源少

6G的世界

專家相信到了6G普及的時候，世界將會建立在人工智能的基礎上，虛擬與現實能完美整合，不論是自動駕駛、遙距醫療還是虛擬實境等技術都已經成熟，能應用在日常生活中。

專家預期6G將於2030年投入應用，所以仍有很多變數，大家拭目以待吧！

科技帶來的影響

優點

快捷便利

5G帶來更快速及穩定的網路，加上資訊儲存在雲端，可不佔用手機或電腦的位置，能隨時隨地存取。

自動產生資料

物聯網持續發展，資訊依靠偵測器自動產生，形成大數據，再以AI分析，能節省人手處理這些重複沉悶的工作。

試想想，如果有偵測器全天候監測着空氣質素、病毒含量、水的潔淨度，並即時通知市民及相關部門，是否能加快處理改善呢？

缺點

資訊安全

我們在網路上的一舉一動，都會被記錄監察，在社交網站留下的文字，全都會被保存，就算刪除了也仍會留在雲端伺服器上。如有人心懷不軌，惡意使用的話，後果可不堪設想。

資訊真偽難辨

網路上充斥着虛假、偏頗的資訊，加上AI推薦的個人化訊息，令我們接觸到的事物變得更單一片面，難以分辨真偽。

雖然網路非常方便，但也危機處處，不能掉以輕心啊！

大偵探福爾摩斯

SHERLOCK HOLMES

科學鬥智短篇㊽

少年福爾摩斯(3)

愛德蒙·唐泰斯
年輕船長。曾因冤罪而被囚於煉獄島。

奧斯汀·弗里曼=原著　厲河=改編
陳秉坤=繪　陳沃龍、徐國聲=着色

夏洛克
天資聰穎，長大後成為了倫敦最著名的私家偵探。

上回提要：

唐泰斯成功報仇後找到了妻子美蒂絲，但見她已建立了幸福的家庭，只好悄然身退。此時，卻看到她的小兒子夏洛克從家中步出，在好奇之下，就跟蹤他到一家雜貨店，沒想到店主豬大媽卻遇劫受傷，他更在店中與猩仔久別重逢。由於豬大媽不肯報警，又對遇襲一事有所隱瞞，在猩仔的建議下，唐泰斯化身成為法醫桑代克插手調查。一查之下，他發現豬大媽似乎認識施襲者，更找到一頂不屬於她的氈帽，而帽內的防汗帶下面還夾着一些紙片，紙片上的各種線索顯示，留下帽子的人應是從事冶金工作……

「這麼說的話，我們得從**冶金工場**開始調查了？」夏洛克問，「但英國這麼大，應該有很多冶金工場吧？怎樣找呢？」

「嘿嘿嘿，忘記了那半個信封嗎？」桑代克狡黠地一笑，「信封上的地址雖然**殘缺不全**，但也提供了非常重要的線索啊！」

「是嗎？」猩仔問桑代克取來那半個信封，左看看右看看，卻看不出一個所以然來。

「**哎呀！太難啦！**」猩仔把信封扔到桌上，「只是一張沒用的廢紙罷了，又怎會有甚麼重要線索啊！」

夏洛克撿起信封，**目不轉睛**地盯着上面的字母。

不一刻，他自言自語地呢喃：「信封上寫的是地址，就是說，這幾個**英文字母**與**地名**有關，從地名去推論的話……」

「哎呀，不要**裝模作樣**了。別看啦！別看啦！我都看不懂的，你又怎會看得懂！」猩仔一手把信封

奪去，晦氣地再扔到桌上。

夏洛克呆了一下，突然眼底閃過一下亮光：「不，我看懂了！」

他指着信封上的「don, W.C.」續道：「『don』不就是『London』（倫敦）的後半部嗎？而倫敦位於西中區，『W.C.』不正是『West Central』（西中區）的簡寫嗎？」

「嘿嘿嘿，你又勝一仗了。」桑代克笑道，「沒錯，『don』就是『London』（倫敦），而『W.C.』正是『West Central』（西中區）。」

猩仔聞言，斜眼看着桑代克，充滿懷疑地說：「**唔……太可疑了。**」

「太可疑？甚麼意思？」桑代克訝異。

「這小子怎會這樣厲害，一猜就猜中那些字母的意思？」猩仔提出質疑，「**哼！**一定是剛才趁我還未來到，你事先給了他**提示**。」

「你竟然懷疑我？」桑代克沒好氣地說，「好！就當作我給了他一個提示，為了公平起見，也給你一個**提示**吧。」

「真的嗎？」猩仔大喜，「快給！快給！我一定能猜中的！」

「我們已知道『don, W.C.』的意思了，那麼就來猜猜『n』吧。」桑代克瞄了一下猩仔，說，「提示就是——那是一種**建築物**，名稱中含有字母『n』。」

「含有字母『n』的建築物嗎……？」猩仔雙手握拳，苦苦地思索，「『n』呀……『n』呀……究竟你這個『n』是甚麼建築物呀？」

「嘿嘿嘿，想不到嗎？」桑代克笑道，「要不要我把答案說出來？」

「不要！千萬不要！」猩仔慌忙阻止，然後紮起馬步，出盡**九牛二虎之力**拚命地思索，「『n』呀……『n』呀……『n』就是——」

「就是『cabin』（小木屋）！」

「不是。」

「那麼……就是『barn』（穀倉）！」

「不是。」

「是『shanty』（棚屋）！」

「不是。」

「呀！我知道了！一定是『Parliament』（國會）！」

聞言，桑代克和夏洛克腿一歪，幾乎同時趴倒在地。

「哎呀，猩仔呀猩仔，襲擊豬大媽的人怎可能住在國會。」桑代克沒好氣地說，「而且，國會裏也不可能有冶金工場呀。」

「都不是嗎？」猩仔想了想，忽然臉容扭曲、全身繃緊，仿似拉不出屎似的痛苦呻吟，「嗚……嗚……嗯……嗯……」

「你……你怎麼了？」桑代克和夏洛克都被猩仔這突如其來的變化嚇得目瞪口呆。

「唔……唔……嗯……嗯……」猩仔屏氣凝神，弄得自己滿面通紅，最後轟出了一句，「『**inn**』！一定是『**inn**』！」

桑代克呆了一下，突然大笑起來：「哈哈哈！你的拉屎功實在厲害，終於給你答對了！」

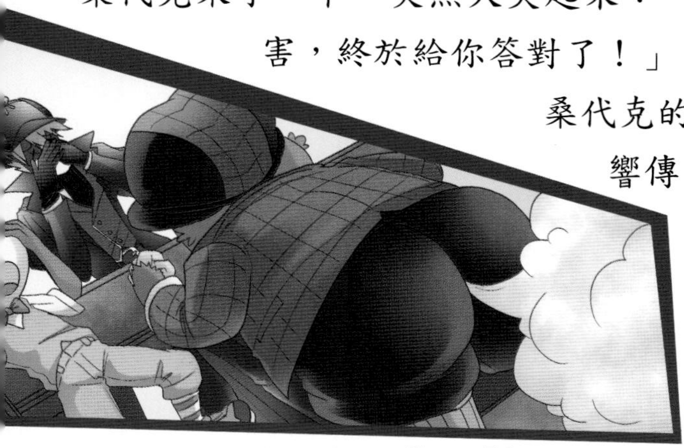

桑代克的話音剛落，「咘」的一下巨響傳來，猩仔竟放了一下響屁！

「哇呀！」桑代克和夏洛克不禁掩鼻大叫，「**好臭呀！**」

「哈哈哈！我太厲害了！」猩仔大叫大嚷，「是『**inn**』！我猜中了！是『**inn**』！」

「猩仔，你思索時都是這樣嗎？」桑代克以怪責的語氣問。

「我怎麼了？」猩仔**莫名其妙**。

「像忍着屁不放那樣呀。」夏洛克說。

「啊，你們是指這個嗎？」猩仔雙手握拳，紮了個馬步問，「這是**聚精會神**的動作呀，我遇到想不通的難題時都會這樣啊！」

「算了。」桑代克走去拿來一隻香蕉，「你以後遇到難題時，就咬一口香蕉吧。我不想再聞你的**臭屁**了。」

「哇！我最喜歡吃香蕉了！」猩仔接過香蕉，使勁地咬了一口。

「可是，就算知道是『**inn**』，但沒有街道的名稱和號碼，也很難找到那個冶金工場啊。」夏洛克說。

「**嘿嘿嘿……**」桑代克狡黠地一笑，指着桌上幾本厚厚的本子說，「這幾本是倫敦的郵局專用的**郵寄地址簿**，我翻查了一下，很快就找到了目標的工場。」

「真的？」猩仔叫道，「快說！快說！」

「那是『*Clifford's Inn*』（克利福德棧），有很多出租房屋，當中的第51號是一所冶金工場，錯不了。」

「太好了！我們馬上去抓犯人吧！」猩仔興奮得**手舞足蹈**。

「對方曾經傷人，可能是個非常兇惡的壞蛋啊。你不害怕嗎？」

「嘿！我怎會害怕！」猩仔指着自己的鼻子，**不可一世**地說，

「我連殺人犯也不怕，區區一個打女人的卑鄙小人，我打一個**噴嚏**，他就會倒地不起了。」

猩仔說到這裏一頓，他斜眼看着夏洛克說：「嘿嘿嘿，但這小子會不會害怕，我倒不敢說。」

「我怎會害怕！我也要去！」夏洛克**不甘示弱**。

「很好，那麼我們一起去吧。」桑代克說，「不過，你們得聽令於我，不可**輕舉妄動**。知道嗎？」

「知道了。」夏洛克頷首道。

「桑代克先生，你**老人家**放心吧。」猩仔拍一拍胸口說，「看到犯人，不用你出手，我也會撲上去把他制服的！」

「傻瓜！這就是**輕舉妄動**呀！」桑代克罵道，「記住！我未出聲，你絕對不可以有任何行動！還有，我不是老人家，你知道嗎？」

「知道啦、知道啦！」猩仔敷衍地說，「沒想到有人比爺爺還要**囉嗦**呢。」

「知道就好了。」桑代克說着，把桌上一些黄白色的**石頭**放進一個布袋中，然後又撿起一小塊暗黃色的**碎石**放到口袋裏。

「咦？那些是甚麼？要帶去嗎？」夏洛克好奇地問。

「哎呀，一看就知道是石頭啦！」猩仔嘲諷道，「那是武器，遇到反抗，可以用它們來擲死犯人嘛！」

「別**自作聰明**了。」桑代克沒好氣地說，「這次深入敵陣，必須先解除敵人的戒心，這些東西是**解除戒心**的道具。」

半個小時後，桑代克三人下了馬車，在克利福德棧前面停了下來，那是由多棟**雜居樓房**組成的小區，內裏有住宅，也有店鋪和**各色各樣**的小工場。

三人下車後穿過一條小路，走進了裏面的院子中。

「看來那棟樓就是第51號了。」桑代克指着前方三層高的矮樓說。

「**好緊張呀！**好緊張呀！我們快要抓到犯人了！」猩仔非常亢奮。

「你冷靜一點好嗎？太緊張的話，很容易**露出馬腳**啊。」桑代克提醒。

「知道！」猩仔狠狠地咬了一口香蕉，以圖鎮住自己的緊張。

「好，我們就像來探訪似的，**若無其事**地走過去看看吧。」桑代克說着，就帶着猩仔和夏洛克往那棟樓走去。

三人走近後，看到門柱上掛着**三個名牌**。

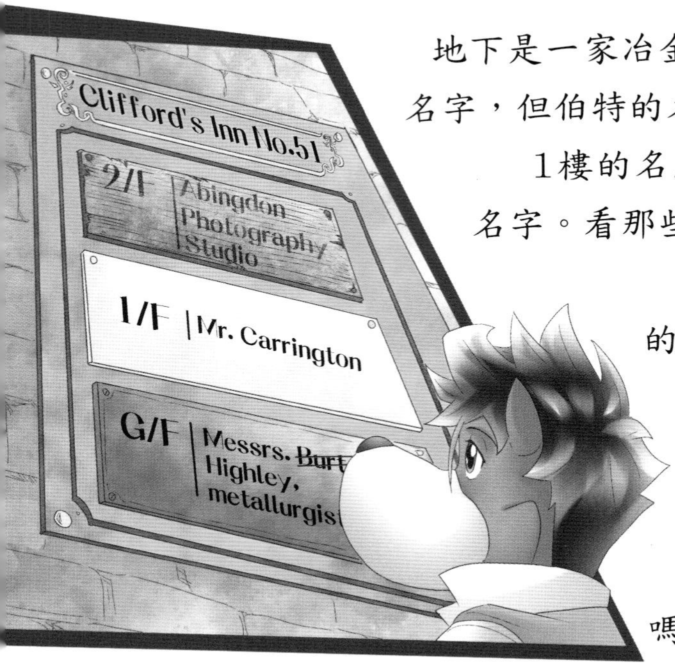

地下是一家冶金工場，印着「伯特＆海利」的名字，但伯特的名字被劃上了兩條紅線。

1樓的名牌白地黑字，印着「卡林頓」的名字。看那些白色油漆尚新，顯得特別搶眼。

2樓是「阿賓登照相館」，它的名牌頗舊，在風吹雨打下，已明顯褪色了。

「你們怎樣看？」桑代克向猩仔兩人問道。

「甚麼怎樣看？名牌上不是寫着嗎？」猩仔**煞有介事**地壓低嗓子說，「地下是冶金工場呀，當然是想辦法進去調查啦。」

「是嗎？」桑代克一笑，向夏洛克問道，「你呢？你有甚麼看法？」

「我嗎？」夏洛克想了想，「我和猩仔的意見一樣。」

「哈！你真聰明，終於懂得學我了！」猩仔**自鳴得意**地說。

「嘿嘿嘿，你們真是頭腦簡單，完全不懂得調查。」桑代克說，「我們**深入敵陣**，首先要了解敵人的**底細**，貿貿然闖進去的話，很容易出事呀。」

「那麼，我們該怎辦？」猩仔問。

「向鄰居**打聽**一下敵人的狀況呀。」

夏洛克想了想，恍然大悟地說：「你的意思是，先向住在1樓和2樓的人打聽一下嗎？」

「沒錯，正是如此。」桑代克再問，「如果叫你們選擇，先選1樓還是2樓打聽？」

「當然是**1樓**啦，爬兩層樓梯很辛苦啊。」猩仔想也不想就說。

「哎呀，你連爬多一層樓梯也覺得辛苦，怎樣查案啊。」桑代克被氣得**七孔生煙**。

「我認為應該向**2樓**的照相館打聽。我們只要**假裝光顧**，就不會引起懷疑，或許可以打聽到很多事情。」夏洛克說。

「這個分析不錯。」桑代克讚道，「但除此之外，還有一個原因應該先上2樓打聽。」

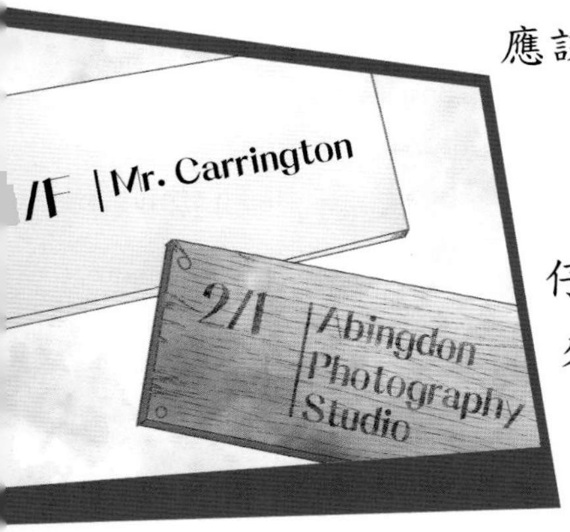

「甚麼原因？」猩仔問。

「答案已寫在1樓和2樓的名牌上呀。你們再仔細看看，**1樓的名牌很新**，說明住客剛搬來不久，對冶金工場的情況未必熟悉。反之，**照相館的名牌嚴重褪色**，證明已開業很久，應該較清楚**左鄰右里**的情況。」

「哇！桑代克先生，你好厲害啊！只憑一個名牌就知道該怎辦！」猩仔佩服得兩眼發光。

「好了，調查馬上開始，你們小心聽着。」桑代克謹慎地吩咐，「**夏洛克，你是我的兒子**，我們兩父子是來拍記念照的。**猩仔，你是夏洛克的同學**，我們在附近碰見你，你就一起跟着來了。明白嗎？」

「太不公平啦！」猩仔不服地嚷道，「我要當你的兒子，夏洛克當我的同學！」

聞言，桑代克兩人腿一歪，幾乎又再次摔倒。

「**傻瓜！**」桑代克罵道，「你沒照過鏡子嗎？你這副猩猩樣貌，怎樣看我們也不像一對父子呀！」

「算了，誰叫我長得特別**帥**，我就扮這小狗的同學吧。」猩仔狠狠地咬了一口香蕉，晦氣地推開大門，逕自往樓梯走去。

桑代克沒好氣地搖搖頭，只好與夏洛克一起跟上。

猩仔一踏進照相館，向店主劈頭就說：「老闆，我和**乾爹**來拍照，可以打個折頭嗎？」

「乾爹？」桑代克當場氣結。

接着，猩仔一手把夏洛克拉過來，臉不紅耳不赤地說：「這是我的**乾弟弟**，他沒我長得那麼帥，要把他拍得好看一點啊。」

「哈哈，小朋友，你真風趣，就給你們打個八折吧。」照相館老闆笑道。

「謝謝你。」桑代克連忙陪笑，「他是個搗蛋鬼，最愛口不擇言，請勿見怪。」

「沒關係，小孩子活潑一點才好玩呀。」老闆笑道，「你們想怎樣拍？三個人一起，還是分開拍？」

桑代克裝作考慮了一下，然後答道：「我和犬兒一起先拍一張，給他們兩人各自拍一張，然後三個人再合照一張吧。」

「好的，先拍你們父子倆的合照吧。」老闆說着，帶兩人到佈景板前站好位置，然後鑽進攝影機的黑布中擺鏡頭和對焦。

「請笑笑，板着臉就不好看了。」老闆的聲音從黑布下傳來。

桑代克把手搭在夏洛克的肩膀上，低頭看着他笑道：「我們笑一笑吧。」

「嗯。」夏洛克看着他點點頭，然後笑着望向鏡頭。

「對，就是這樣了。你們兩父子很有默契呢，連嘴角泛起的微笑也一模一樣。」

「連嘴角泛起的微笑也一模一樣嗎？」一陣悲傷掠過腦際，桑代克心中暗想，「要是我沒有被打進黑牢，或許也有一個像夏洛克差不多大的兒子吧？」

「好！不要眨眼啊。預備，我按下快門啦。」老闆說着，「啪」的一聲，閃光燈照亮了整個攝影房。

接着，老闆為兩個小孩分別拍了一張單人照，又隆重其事地為三人拍了一張合照。

到了付款時，桑代克才不經意地問：「樓下有一家冶金工場，我好像認識那裏的兩位師傅，但忘記了快要禿頭的是哪一位。」

「啊，那兩位師傅嗎？一位是伯特師傅，一位是海利師傅。伯特師傅在年前已搬走了，快要禿頭的是海利師傅。不過，這幾天沒在酒吧看到他。」

「啊，是嗎？」桑代克想了想，說，「我記起來了，海利師傅無酒不歡，每天下班都要去喝酒。」

「對，他和我一樣，都是個十足十的**劉伶**。」老闆笑道，「這幾天沒見到他，我和酒保都感到奇怪呢。」

「難道他生病了？待會我去看看他吧。」桑代克假裝關心地說。

「不會吧。」老闆邊把收據遞上邊說，「這幾天的**爐煙**很大，他應該仍在工作啊。」

「是嗎？」桑代克眼底閃過一下疑惑。

「你去看看他吧，也請代我問候一聲。照片一個星期後可取，希望你們滿意。」

桑代克道謝後，向夏洛克和猩仔遞了個**眼色**，就下樓去了。

三人走到1樓，敲了幾下門，卻沒有人應門。

「看來那位卡林頓先生不在家呢。」桑代克說，「那麼，我們到地下的冶金工場去吧。」

「**哇！**好緊張呀！可以去抓犯人了！」猩仔雀躍萬分。

「不，現在只是去**探聽虛實**，不可**輕舉妄動**。」桑代克嚴肅地說，「此外，我們得分工合作，以保**萬無一失**。」

「分工合作？即是怎樣？」夏洛克問。

「你是個小孩，可減低對方的**戒心**。我和你以父子身份進去，假裝請那個海利幫忙看看我帶來的**礦石**。」桑代克把手上的布袋晃了晃，然後向猩仔說，「你就負責在門外監視，萬一我和夏洛克在裏面出了甚麼狀況，要馬上去叫警察。」

「要我留在外面嗎？」猩仔不滿地說，「我想進去抓犯人啊。」

「哎呀，我不是說了嗎？現在只是**探聽虛實**，不是抓人。」桑代克說，「而且，你的任務比夏洛克更重要，我們的安危全靠你呀。」

「我更重要嗎？」猩仔興奮地說，「好！我就在外面監視，你們遇到麻煩的話，大叫一聲就行，**我會馬上衝進來救你們**！」

「不是衝進來，是去叫警察。」桑代克糾正道。

「哎呀，都一樣啦。」猩仔拍拍胸膛，「總之你們的**安危**包在我身上。」

桑代克知道再說也沒用，只好搖搖頭，帶着兩人下樓去了。

桑代克先叫猩仔躲在暗角，然後敲了敲冶金工場的門。

「你找誰？」一個高高瘦瘦的中年男人打開門後，以充滿戒心的目光盯着桑代克問道。

「啊，你是海利師傅吧？我有些礦石，想你幫忙檢驗一下，看看含有多少黃金。」桑代克舉起手中的布袋說。

「海利回鄉探親，我叫舍伍德，是他請來的替工。」中年男人冷淡地應道。

桑代克欠一欠身，向後面的夏洛克說：「小夏，躲在我身後幹嗎？真沒禮貌，跟師傅打個招呼呀。」

夏洛克走出來鞠了個躬，說：「你好，叔叔。」

舍伍德看到了小孩，稍為放鬆了繃緊的臉孔，說：「請進來吧。」

桑代克向夏洛克遞了個眼色，跟着舍伍德走進工場內。

「可以看看你的礦石嗎？」舍伍德在工作台前停下來問道。

「就是這些，請你評估一下值不值錢。」桑代克說着，把布袋遞了過去。

舍伍德把布袋中的石頭倒出，然後逐一拿起來仔細地檢視。桑代克趁機掃視了一下室內。他看到靠近牆邊有三個熔爐，一個有如大型的製陶窯，另外兩個都不大。此外，在一個木架上，排着一些白色花盆似的冶金用坩堝。在木架旁邊，還有一座灰壓榨機——一種用氣泵把灰壓榨成坩堝的機械裝置。

最引起桑代克注意的是，放在壓榨機旁邊的一個灰桶，他不動聲色地走過去，把手插進灰中摸了摸。

「唔？」他感覺摸到了些甚麼，悄悄地掏出來看了一眼，然後又慌忙把摸到的東西塞回灰中。

「先生，這些礦石看來沒黃金的成分啊。」舍伍德抬起頭來說。

「是嗎？」桑代克裝作若無其事似的，從口袋中掏出那塊暗黃色的碎石遞了過去，「這塊又如何？」

舍伍德接過後，又再仔細地檢視起來。他看着看着，眼底閃過一下驚愕和貪婪。

桑代克看在眼裏，卻故意漫不經心地說：「怎樣？也不值錢嗎？要是這樣就太可惜了，我家裏還有十多塊呢。」

「十多塊？」舍伍德脫口而出，但慌忙又裝作平靜地說，「這塊看來有一定的含金量，你把那十多塊也拿來，我一起為你檢測一下吧。」

「好呀，這塊放在你這兒。」桑代克假裝高興地說，「我明天再把餘下那些拿來。」

說完，他就拉着夏洛克離開了冶金工場。

兩人轉到暗角後，猩仔馬上衝了出來，緊張地問道：「怎樣了？」

「情況不妙。」桑代克臉色一沉說，「剛才那個自稱舍伍德的男人，應該是豬大媽的兄弟。」

「甚麼？」夏洛克大吃一驚，「你怎知道的？」

「你常常出入豬大媽的店鋪也沒注意到嗎？」桑代克說，「我昨天在她家中看到一張四人合照，照片中有一對老夫婦坐着，豬大媽和一個男人站在他們身後，那男人就是舍伍德。」

「啊！」夏洛克猛地記起，「豬大媽曾經抱怨，說有個弟弟好吃懶做，又喜歡賭錢，令她非常頭痛。」

猩仔恍然大悟：「難怪豬大媽不肯報警啦！原來她不想自己弟弟被抓！」

「那麼，我們該怎辦？」夏洛克擔心地問，「那人雖然看來很壞，但報警的話又會令豬大媽傷心……」

「不必猶豫，必須把他繩之以法！」桑代克眼底閃過一下寒光，「因為，他不僅襲擊親姊，還可能殺了名牌上的那個海利師傅！」

「**啊！**」夏洛克和猩仔大吃一驚。

「剛才我趁他檢視石頭時，暗中在一桶灰中摸了摸，發現裏面藏着幾枚人的**牙齒**。」

「**哇！**」猩仔被嚇得驚叫。

「記得在那頂帽子找到的**頭髮**嗎？據照相館老闆說，海利師傅的頭差不多**禿**了，頭髮應是屬於他的。換句話說，帽子的主人就是他。」桑代克分析，「舍伍德雖然說海利師傅已回鄉探親，但為何他的帽子卻出現在豬大媽的家中呢？」

「啊……難道……是舍伍德把**帽子**留在豬大媽家中的？」夏洛克問。

「沒錯。」桑代克說，「我剛才已特意觀察，他那細小的頭顱要戴上那帽子的話，必須在防汗帶內塞些**紙片**縮窄帽圈。」

「我知道啦！」猩仔搶道，「那幾顆**牙齒**是海利師傅的，舍伍德殺死了他，並戴了他的帽子去找豬大媽借錢，卻被人撞破而匆忙逃走，就把帽子遺留在豬大媽家中了！對嗎？」

「全對。」

「可是，他為甚麼要殺死海利師傅呢？」夏洛克問。

「這個就由警方去調查吧。」桑代克說，「總之，舍伍德有殺人嫌疑，並且**因利成便**，把屍體放進熔爐中**毀屍滅跡**，所以你們必須去報警。」

「我們去報警？你不去嗎？」夏洛克訝異。

「我其實是個**冒牌法醫**，真正身份是**私家偵探**，常常為無辜的犯人翻案，警探都很討厭我。」桑代克笑道，「我去報警的話，他們肯定會找我麻煩。所以，你們不要透露我的身份，也不要來找我。有緣的話，我們一定會再次相遇的！」

「嗯，我明白了。」夏洛克頷首。

「猩仔，別忘記你抽中的是『**NO**』啊。」桑代克說完，轉身就走。

「桑代克先生，**一言既出，駟馬難追**！」猩仔向桑代克的背影叫道，「我一定會遵守約定的！」

「**後會有期**！」桑代克背着他們揮一揮手，就在街角消失了。

翌日，報紙上刊出了舍伍德殺人案的詳細經過。原來，他和海利都是冶金師傳，兩人因賭款發生爭執，**一言不合**之下，舍伍德在工場中錯手把海利殺了。他只好用熔爐**毀屍滅跡**，又順便把自己染了血的帽子燒了，只餘下燒剩的**牙齒**和一些骨頭塞進盛灰桶中藏起來。

為了逃亡，他戴着海利的**帽子**跑去找姊姊豬大媽借錢，但豬大媽不允，一怒之下，他從後施襲，並搶走了豬大媽的錢包，卻遺忘了帽子。本來，他再籌些路費就會逃到外國去，卻沒想到警方這麼快就找上門來。據警方表示，能迅速破案，是全靠兩個小孩**通風報信**，但基於保密原因，並沒有透露他們的身份。

唐泰斯看完報道後，不禁**會心一笑**。然而，當他翻到報紙的另一頁時，卻突然臉色驟變！因為，報上的標題竟是——

真兇另有其人，總檢察長維勒福獲判無罪釋放！*

「怎會這樣的？」唐泰斯盯着報紙，腦袋卻已變得**一片空白**……

* 有關總檢察長維勒福與唐泰斯的恩怨情仇，請參閱《M博士外傳》第1～5集。

科學小知識

【單位】

計算事物數量——如長度、重量和時間——的標準量的名稱。如計量長度用「米」（m）、重量用「千克」（kg）、時間用「秒」（s）等作為基本單位。此外，還有組合式的導出單位，如攝氏度（℃）、牛頓（N）、瓦特（W）等。所以，單位不僅與科研有關，也與我們的日常生活有密切關係。

唐泰斯（桑代克）在本故事中，就是憑英美的金衡單位dwt*發現破案的線索，並藉此找出疑犯所在。

* pennyweight的簡寫，中文譯作本尼威特，相當於0.5安士或1.555克。

多啦A夢的秘密法寶

你知道多啦A夢的百寶袋裏有多少件秘密法寶嗎？單是漫畫版1至45卷內出現的法寶約有2000個。除了大家熟悉的時光機、竹蜻蜓、隨意門外，你們還記得多少呢？在看電影前，先來認識一下吧。

時間布
有正反兩面，正面為紅色，反面為藍色。用它來包東西，能改變生物年齡，或令物件變新變舊。

記憶麵包
將書本內容印在麵包上，吃掉就能牢牢記住，但排出體外便會忘掉。

通過環
把它貼在牆壁上，就能穿環到牆的另一邊。

時光機
打開大雄房間書桌的抽屜，就能坐時光機穿梭過去、現在與未來。

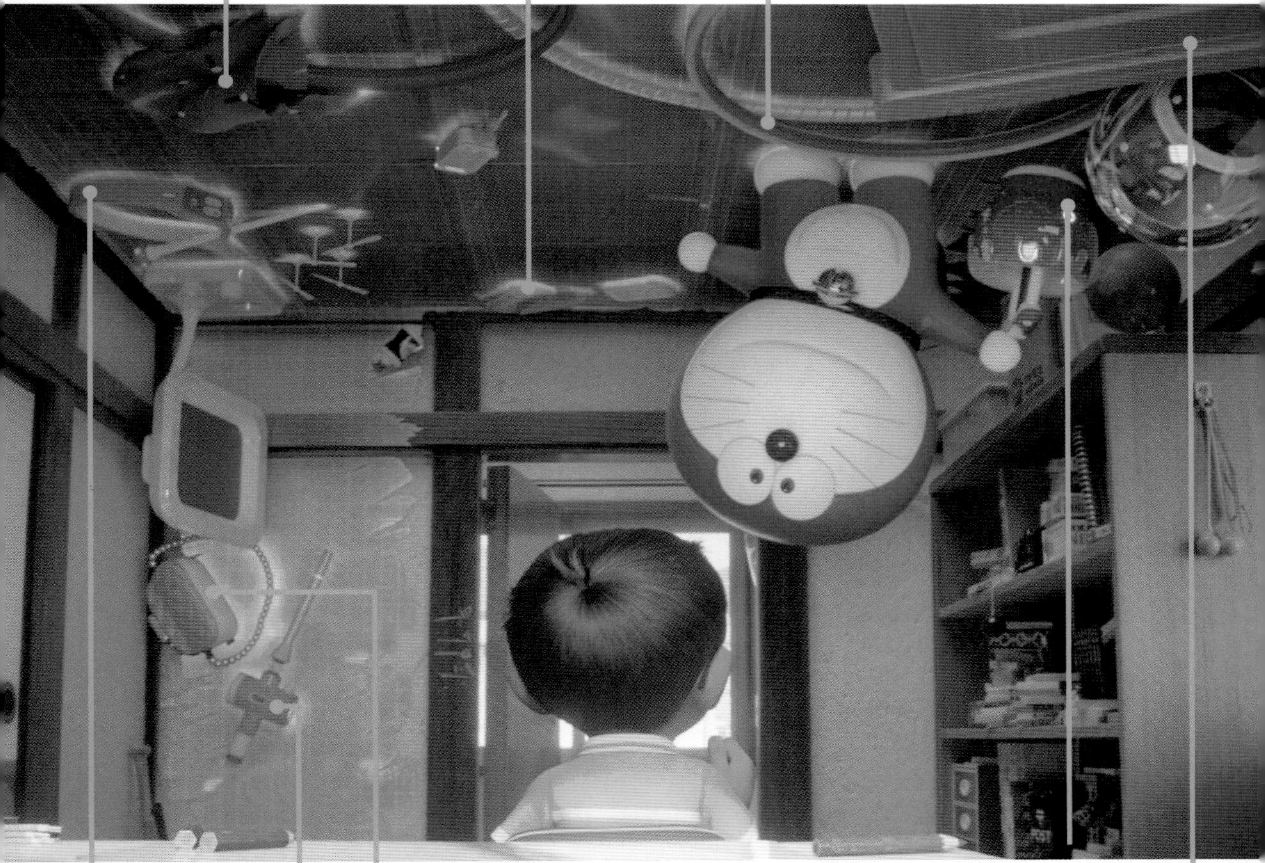

時光腰帶
繫上腰帶就能進行時間旅行，但卻無法改變地點。

從心所欲手袋
說出想要的東西後，就能從手袋中拿出來。

重力漆油
在物體表面塗上漆油，使其產生引力。例如塗在天花板或牆壁上，就可以在上面行走。

失憶棒
設置時間掣，再將棒子觸碰某人的頭，他就會失去那段時間的記憶。

隨意門
心中想着要去的地方，打開門後就能到達。

 獎品及資料提供：洲立影片發行（香港）有限公司

巧手工坊 STAND BY ME 多啦A夢2 時光機卡片座

親子

看過《STAND BY ME 多啦A夢2》電影簡介，是否很想擁有一台時光機呢？雖然現實還未發明時光機，但你可以自製一個時光機造型卡片座，用來裝飾書桌。

所需材料

p.31、33紙樣

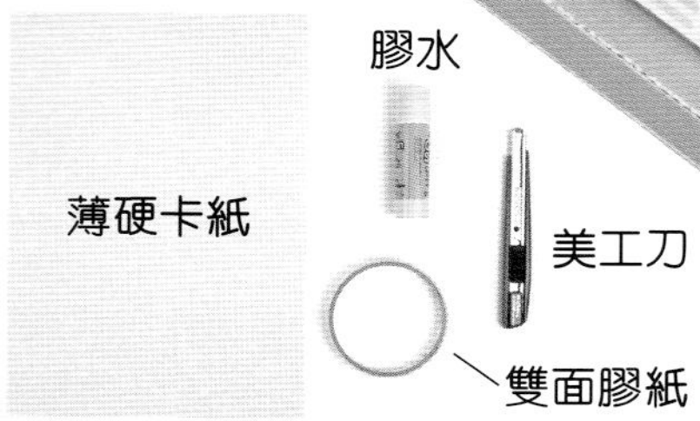

＊使用利器時，須由家長陪同。

掃描 QR Code 進入正文社YouTube頻道，可觀看製作短片。

製作流程 底座部分

製作難度：★★☆☆☆ | 製作時間：50分鐘

1 剪下①底座，貼在薄硬卡紙上，再沿邊剪下，用美工刀割開黃色開孔位置。

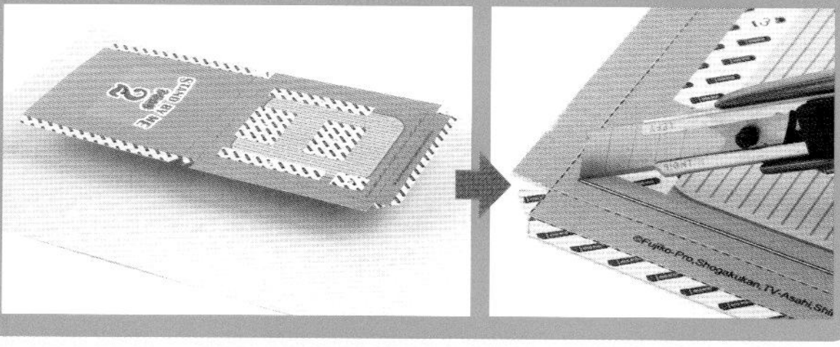

2 沿虛線向外摺，在黏貼處貼雙面膠紙黏合。

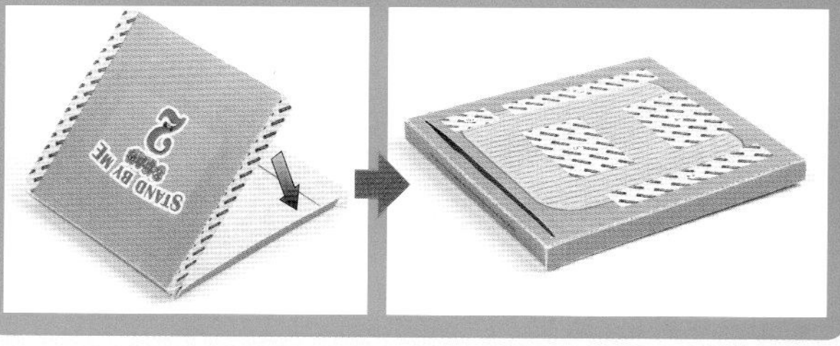

部件部分

3 剪下紙樣②至⑧，逐一沿虛線向外摺，在黏貼處塗上膠水黏合。

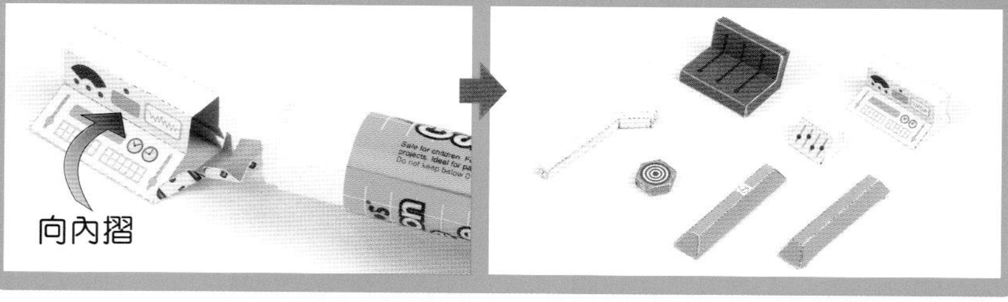

小提示：
摺紙樣④和⑤要看清楚摺線哦。

4 按次序將各部件貼在①底座上方相應位置。

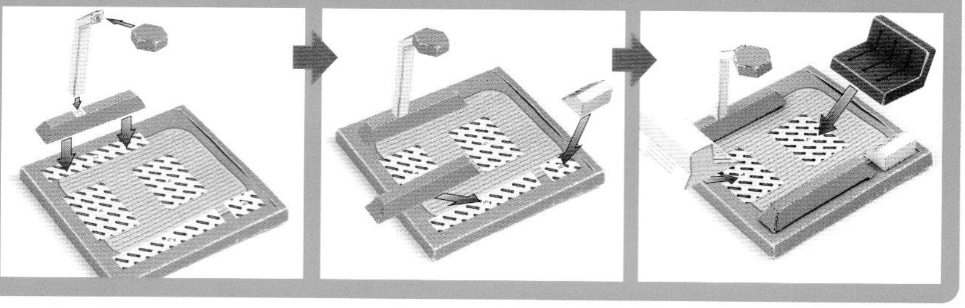

5 將卡片插入步驟①開孔位置。

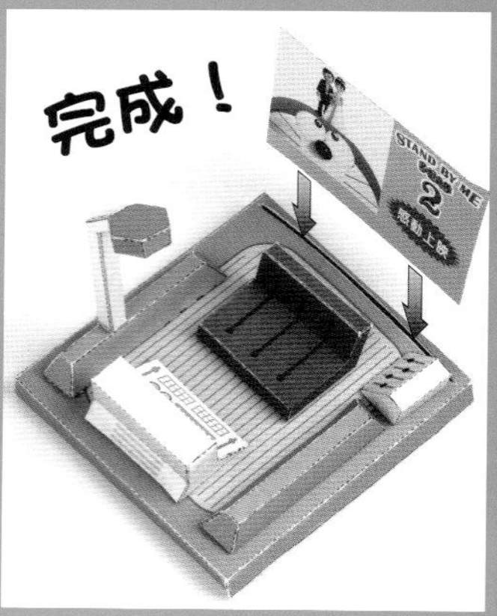

①底座

黏貼處

沿黑線剪下

沿虛線外摺

沿虛線內摺

開孔

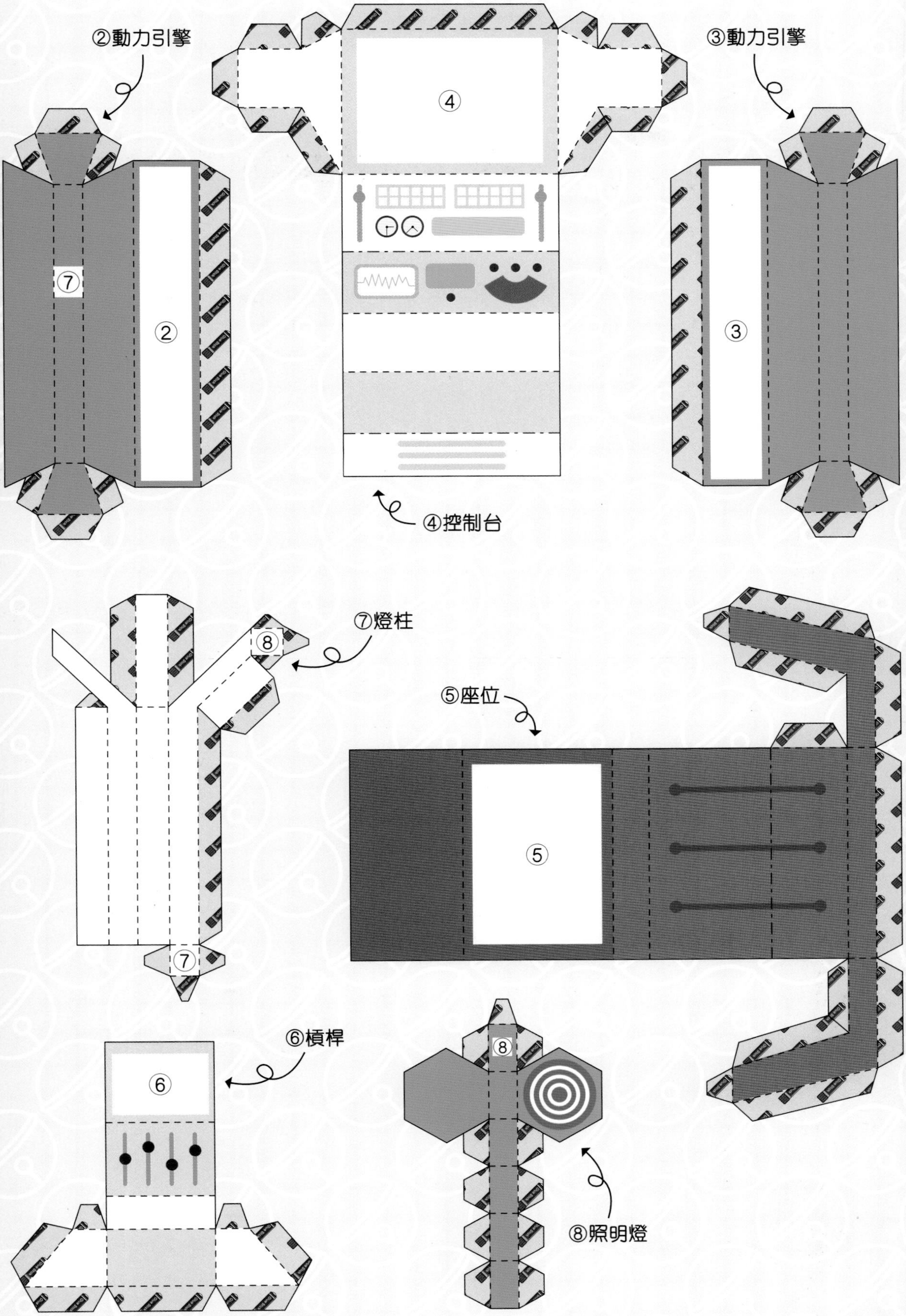
②動力引擎
④
③動力引擎
⑦
②
③
④控制台
⑦燈柱
⑧
⑤座位
⑤
⑦
⑥槓桿
⑥
⑧
⑧照明燈

讀者信箱

通訊與科技隨年代不斷進步，我們也愈趨習慣依賴電子和機械，不過小編認為，親筆寫寫畫畫始終較為人性化及有真實感，所以大家要繼續踴躍投稿到讀者信箱啊。

《兒童的學習》編輯部

讀者意見區

少年福爾摩斯幾時出版？

希望刊登

余頌晴

單行本將於3月下旬出版，唐泰斯怎樣引導夏洛克踏上偵探之路？各位福爾摩斯及唐泰斯迷萬勿錯過。

讀者意見區

「兒科」「兒學」有甚麼不同呢？

祝編輯部所有人身體健康，生活愉快，工作順利

梁若曦

《兒童的學習》題材及專欄以通識教育、語文為基礎，而《兒童的科學》則以科學實驗及創意為主，兩本都很適合小學生閱讀。

插圖畫廊

讀者意見區

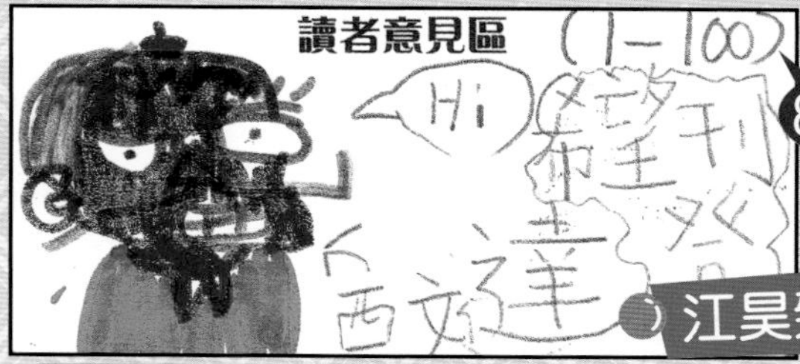

80分

江昊臻

讀者意見區

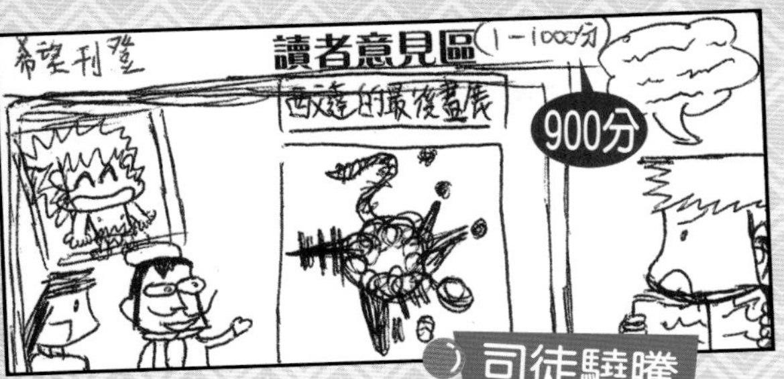

900分

司徒驍騰

讀者意見區

賴裕峯

讀者意見區

9分

賴君愷

讀者意見區

請評分(1-10)
唐泰斯做吸血鬼的樣子好可愛！
希望刊登！

8分

孫潤晴

刊

教授蛋答問區

Q1 我不明白「瞪大」這個詞語。

「瞪」指張大眼睛看，通常在表示驚訝、不滿或憤怒時使用，例如「目瞪口呆」、「乾瞪眼」等等。

提問者：趙崇浩

Q2 為甚麼世界各地有這麼多的語言？

語言學者普遍認為，語言本是源自一體，但按不同地域的文化差異、種族特性等因素而產生分支，漸漸形成現時全球約7000種語言，所以語言不僅是人類溝通橋樑，也是代表當地的一種文化，是一種身份認同。

提問者：翟天嵐

如果大家有任何疑問，也可寫在問卷上寄回來，讓教授蛋解答。

兒童的學習5周年

《兒童的學習》創刊五年，深受讀者的愛戴。為回饋讀者，編輯部準備了兩份精美禮物送給各位喔。

人人有獎

《大偵探福爾摩斯》書籤

↑ 兒科193期附送　↑ 兒學61期附送

今期《兒童的學習》附送唐泰斯書籤一張，而193期《兒童的科學》就附送福爾摩斯書籤。

想集齊一套，記得買5月1日出版的《兒童的科學》啊。

填問卷，贏獎品

親筆簽名板

編輯部亦邀請了《森巴FAMILY》的漫畫家姜智傑老師及《M博士外傳》的插畫家陳秉坤老師繪畫親筆簽名板，共10塊，分別在兒學62期至66期送出。每期名額2個，每人可獲1塊簽名板。

如何得到呢？

填妥問卷，並揀選想得到的簽名板，寄回來便有機會得獎。

5周年送大禮

快樂大獎賞

參加辦法

於問卷上填妥獎品編號、個人資料和讀者意見，並寄回來便有機會得獎。

為答謝大家的長期支持，編輯部精選了多份禮物，來信就有機會拿走它們。

A 大偵探福爾摩斯52 沙漠之舟

是厲河老師的親筆簽名版。

2名

B LEGO迪士尼公主系列 灰姑娘的皇家馬車 43192 1名

灰姑娘收到舞會邀請函，但她沒有合適的衣服，你能用魔法幫她變身嗎？

C 兒童的科學教材版第165期 機械新時代

高28cm的巨型機械人，能在平地及斜坡上行走。

1名

D 星光樂園星級緞帶襟章機

1名

自製緞帶襟章，可作掛飾、吊飾、袋飾、頭飾和帽飾。

E 角落生物匙扣

可自由伸縮的恐龍匙扣。

1名

F Silverlit迷你智能機械人 1名

啟動迷宮模式，當偵測到黑線或白線，它就能沿着線走到出口。

G LEGO DC超級英雄蝙蝠俠匙扣燈

打開電筒，與蝙蝠俠一起守護葛咸城。

1名

H 冰雪奇緣扮靚系列皇冠首飾盒禮盒

1名

打開梳妝盒，選一件自己喜歡的首飾來裝扮一下。

第59期得獎名單

A LEGO Marvel Avengers Truck Take-down 76143	薛唯正
B Hello Kitty DIY創意貼紙機	尹貝兒
C 大偵探福爾摩斯 逗利是x寫揮春x學成語	劉天渝
D 叢林Baby套裝	盧若嵐
E 角落生物兩用袋	陳凱嘉
F 4M閃亮摺紙燈	莊詠昕
G 超常識奇俠②	林婧
H 角落生物八達通套零錢包	李雅天
I Star Wars Rogue One 3.75吋人偶模型系列（隨機獲得其中一款）	周頌晴 曾莨迪

截止日期2021年4月14日
公佈日期2021年5月15日（第63期）

- 問卷影印本無效。
- 得獎者將另獲通知領獎事宜。
- 實際禮物款式可能與本頁所示有別。
- 本刊有權要求得獎者親臨編輯部拍攝領獎照片作刊登用途，如拒絕拍攝則作棄權論。
- 匯識教育有限公司員工及其家屬均不能參加，以示公允。
- 如有任何爭議，本刊保留最終決定權。

I 大偵探索繩背囊

1名

有拉鏈側袋放零碎物品或小物件。

特別領獎安排 因疫情關係，第59期得獎者無須親臨編輯部領獎，禮物會郵寄到得獎者的聯絡地址。

簡易小廚神

兔焗迷你果凍芝士蛋糕

通識 親子

不經不覺，《兒童的學習》邁向5周年了！今次就做迷你版生日蛋糕慶祝一番吧！各位也要繼續多多支持啊！

製作難度：★★★★
製作時間：1小時
（不包括冷藏時間）

掃描 QR Code可觀看製作短片。

所需工具

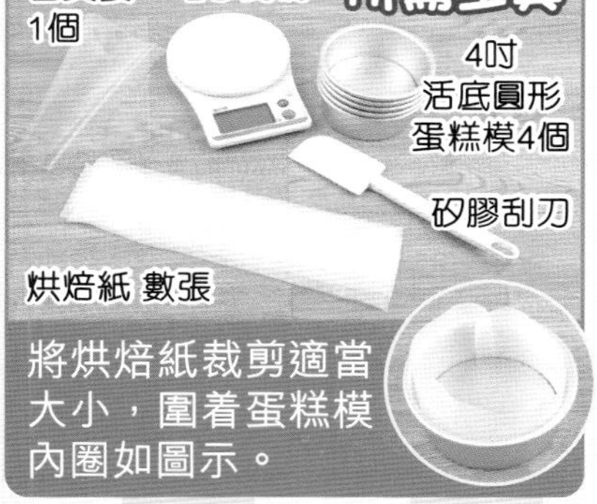

將烘焙紙裁剪適當大小，圍着蛋糕模內圈如圖示。

所需材料（可做4個）

餅底

芝士蛋糕

果凍

餅底部分

1

消化餅放入密實袋中壓碎，取出後放在碗中備用。

2

牛油放入微波爐加熱（約20秒）至溶解，連同糖加進做法1中拌勻。

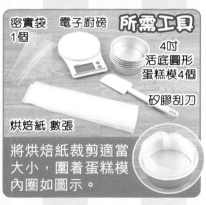

3

將做法②平均鋪在4個蛋糕模底部，壓實，放進雪櫃冷藏約30分鐘。

芝士蛋糕部分

4

將已呈軟身的忌廉芝士放進大碗中壓至軟滑。

5

加入乳酪及糖拌勻。

6

加入檸檬汁及淡忌廉拌勻。

7

*①考考你：魚膠粉有甚麼作用？

魚膠粉加入水拌勻，將碗放在熱水上拌至溶解（順道用另一碗熱溶果凍部分的魚膠粉）。

8

將做法⑦魚膠粉水加入做法⑥拌勻。

9

將做法⑧平均倒入做法③餅底上（約留1.5cm空間），放進雪櫃冷藏約30分鐘。

果凍部分

10

將水、檸檬汁、糖及做法⑦魚膠粉水拌勻。

11

*使用利器時，須由家長陪同。

將所有水果切成小粒，鋪在做法⑨蛋糕模上。

12

平均倒入做法⑩溶液，將蛋糕模放進雪櫃冷藏4至5小時。

13

*②考考你：沒有烘焙紙怎辦？

取出後慢慢脫模，撕掉烘焙紙。

想方便一點，也可以用罐裝雜果。蛋糕模等工具可在烘焙店找到。

答案：
①魚膠粉常用於製作果凍、布丁等，有凝固作用。
②也可以用熱毛巾敷蛋糕模外圍一會，方便脫模。

知識小遊戲

通識 語文

數理遊戲考智慧

語文題

❶ 英文拼字遊戲

根據下列 1~5 提示，在本期英文小說《大偵探福爾摩斯》的生字表（Glossary）中尋找適當的詞語，以橫、直或斜的方式圈出來。

M	K	N	L	L	I	N	P	B	I	T	S
B	J	Y	V	A	Q	R	T	C	A	K	C
O	M	K	K	P	Y	J	I	O	G	C	O
R	Q	I	M	F	R	M	D	R	Z	D	F
E	U	D	T	O	E	X	A	K	Q	F	F
D	A	S	H	W	P	D	G	N	O	C	B
O	N	M	T	E	H	G	P	S	W	H	R
M	X	K	C	Y	K	T	B	X	H	I	M
Z	H	U	U	Y	I	N	V	I	Q	D	P
W	L	O	A	D	O	R	A	B	L	E	X

例 （名詞）無聊
1.（形容詞）生鏽的
2.（動詞）嘲諷
3.（形容詞）可愛的
4.（名詞）外行人、門外漢
5.（動詞）指責、斥責

❷ 看圖組字遊戲 試依據每題的圖片或文字組合成中文單字。

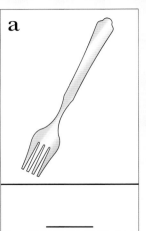

例

秋

a

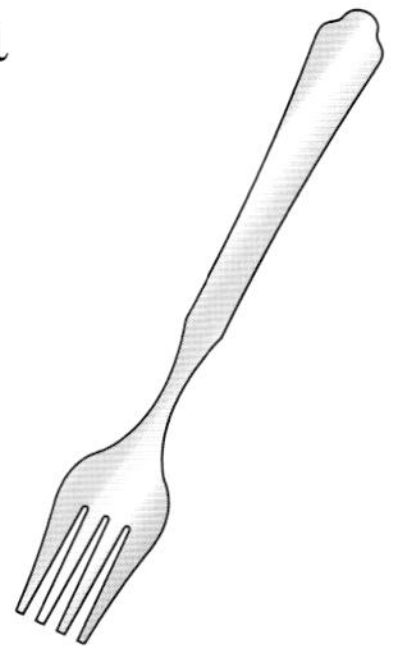

______

b

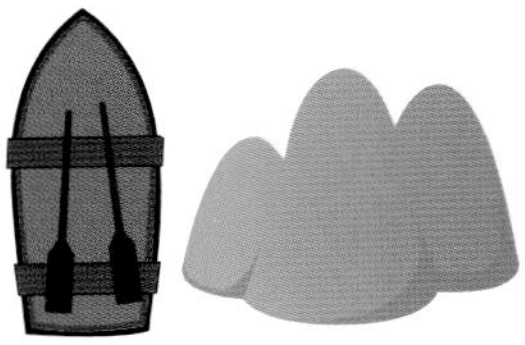

______

c

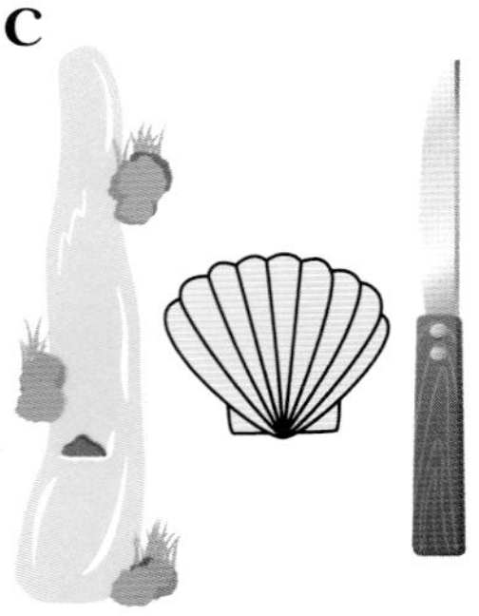

______

推理題

③ 八枚金幣

問題羊找到八枚金幣，其中六枚是真幣，兩枚是假幣，真幣的重量相同，假幣的重量也相同，但假幣卻比真幣重。

問題羊用天秤來比較金幣的重量，得出右方三個結果。你能幫問題羊找出哪兩枚是假幣嗎？

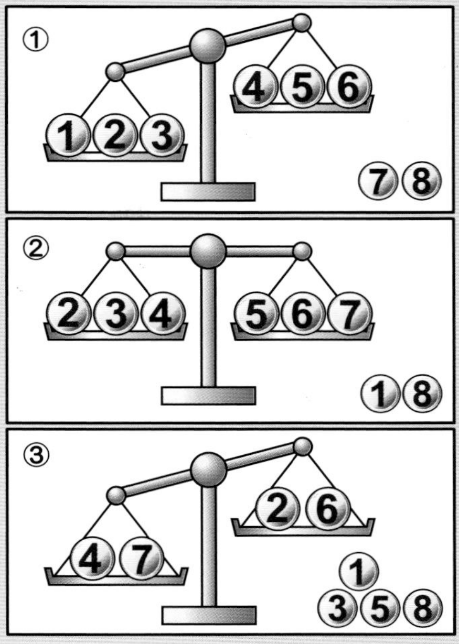

數學題

④ 等式四邊形

你能在空格內填上1至8，使每邊的算式成立嗎？

	−		=	
÷				+
=				=
	×		=	

答案

1.

M	K	N	L	L	I	N	P	B	I	T	S
B	J	Y	V	A	Q	R	T	C	A	K	C
O	M	K	K	P	Y	J	I	O	G	C	O
R	Q	I	M	F	R	M	D	R	Z	D	F
E	U	D	T	O	E	X	A	K	C	F	F
D	A	S	H	W	P	D	G	N	O	C	B
O	N	M	T	E	H	G	P	S	W	H	R
M	X	K	C	Y	K	T	B	X	H	I	M
Z	H	U	U	Y	I	N	V	I	Q	D	P
W	L	O	A	D	O	R	A	B	L	E	X

2. a. 釵　b. 舢　c. 測

3. 由於假幣比真幣重，所以如果天秤不平衡，輕的那一邊一定是真幣。

①根據第一次測量結果，得知④⑤⑥是真幣，①②③中有一或兩枚假幣。

②根據第三次測量結果，已知④⑥是真幣，由於假幣較重，所以⑦是假幣，②是真幣。

③根據第二次測量結果，天秤兩邊平衡，⑦在天秤的右邊，所以左邊②③④其中一枚是假幣。已知②④是真幣，所以③是假幣。

結果：③⑦是假幣，①②④⑤⑥⑧是真幣。

4.

6	−	5	=	1
÷				+
3				7
=				=
2	×	4	=	8

成語小遊戲　語文

在今期的《大偵探福爾摩斯》中，唐泰斯化身成法醫桑代克，帶領夏洛克及猩仔直闖兇案現場！大家看精彩故事時，也要留意當中的成語啊！

〔殘缺不全〕

形容物件或資訊缺少了一部分，破損不完整。

「這麼說的話，我們得從冶金工場開始調查了？」夏洛克問，「但英國這麼大，應該有很多冶金工場吧？怎樣找呢？」

「嘿嘿嘿，忘記了那半個信封嗎？」桑代克狡黠地一笑，「信封上的地址雖然**殘缺不全**，但也提供了非常重要的線索啊！」

右邊的字由四個四字成語分拆而成，每個成語都包含了「殘缺不全」的其中一個字，你懂得把它們還原嗎？

殘好概顧 ________

完缺奮弱 ________

兵偏不老 ________

以身無全 ________

〔屏氣凝神〕

屏氣指忍住呼吸，凝神指集中精神，形容人專心的樣子。

「你……你怎麼了？」桑代克和夏洛克都被猩仔這突如其來的變化嚇得目瞪口呆。

「唔……唔……嗯……嗯……」猩仔**屏氣凝神**，弄得自己滿面通紅，最後轟出一句，「『inn』！一定是『inn』！」

很多成語都與行為態度有關，你懂得右邊幾個嗎？

樂而□□
快樂得忘記了回去。

□□故犯
知道是錯誤的事情，卻故意去做。

理直□□
擁有充足理據，所以沒有畏懼退縮。

□□而行
做事小心謹慎，再三考慮才行動。

形容自己稱讚
自己，感到心
情舒暢。

〔自鳴得意〕

「是嗎？」桑代克一笑，向夏洛克問道，「你呢？你有甚麼看法？」

「我嗎？」夏洛克想了想，「我和猩仔的意見一樣。」

「哈！你真聰明，終於懂得學我了！」猩仔**自鳴得意**地說。

很多成語都與「自」字有關，你懂得用「咎由、毛遂、其力、羅網」來完成以下句子嗎？

①他☐☐自薦參加校際問答比賽，大家才知道他如此博學多聞。

②你明明懷疑那是詐騙，為甚麼仍要自投☐☐，滙錢給對方？

③爸爸一直辛勤工作，自食☐☐，終把孩子們都養育成才。

④他常常抄襲別人的創作，被揭發後身敗名裂也是☐☐自取。

指事情安排周全，絕對不
會出現任何差錯。

〔萬無一失〕

「哇！好緊張呀！可以去抓犯人了！」猩仔雀躍萬分。

「不，現在只是去探聽虛實，不可輕舉妄動。」桑代克嚴肅地說，「此外，我們得分工合作，以保**萬無一失**。」

萬劫 •	• 無疆
萬壽 •	• 萬象
萬夫 •	• 萬變
瞬息 •	• 不復
森羅 •	• 莫當

很多成語都與「萬」字有關，左邊五個全部被分成兩組並調亂了位置，你能畫上線把它們連接起來嗎？

答案：

殘缺不全
老弱殘兵
完好無缺
奮不顧身
以偏概全

屏氣凝神
鍥而不捨
理直氣壯
明知故犯
三思而行

自鳴得意
①毛遂自薦
②自投羅網
③自食其力
④咎由自取

萬無一失
萬劫不復
萬壽無疆
萬夫莫當
瞬息萬變
森羅萬象

SHERLOCK HOLMES

大偵探福爾摩斯

The Honeybee Murder ①

Sherlock Holmes
London's most famous private detective. He is an expert in analytical observation with a wealth of knowledge. He is also skilled in both martial arts and the violin.

Author: Lai Ho

Illustrator: Yu Yuen Wong

Translator: Maria Kan

Watson
Holmes's most dependable crime-investigating partner. A former military doctor, he is kind and helpful when help is needed.

The Mass Death

It was mid-April when Sherlock Holmes and Dr. Watson came to the county of Kent to help investigate a murder case. The case turned out to be so **straightforward** that it only took them one hour to figure out the truth and catch the killer. Holmes was feeling unexcited, even to the point of disappointment. He and Watson had taken the night train last night to rush over to Kent just for the investigation, but the case was solved so quickly and easily that Holmes could not help but feel it was a waste of his time.

While riding along in the carriage that was escorting the killer, Holmes looked out lazily to the **receding** scenery with his half-open, sleepy eyes. Besides an occasional glance at the **cowering** killer and the **ferocious-looking** patrol officer, Holmes yawned in **boredom** to pass the time.

All of a sudden, loud *gallops* sounded from behind as their carriage reached the mouth of a **forked road**.

Glossary straightforward (形) 簡單的、直接的 receding (形) 漸漸後退的 cowering (形) 畏縮的 ferocious-looking (形) 看起來兇神惡煞的 boredom (名) 無聊 gallop(s) (名) 奔馳的馬步 forked road (名) 分岔路

Another horse-drawn carriage with a load of goods in its cargo cart was driving so fast that it **stirred up** a cloud of dust before dashing off.

"Oi, you **reckless** driver! If I weren't escorting a killer, I would've chased you down and throw you in jail!" shouted the angry patrol officer at the passing carriage.

"Save your breath," said Watson. "That carriage has gone far away now. The driver can't hear you at all."

"Hmmm..." muttered Holmes as his sleepy eyes suddenly opened wide. "What kind of carriage was that? The items in the cargo cart looked rather unusual."

"What? How could you have possibly seen the items in the cargo cart? That carriage drove by so fast!" exclaimed Watson.

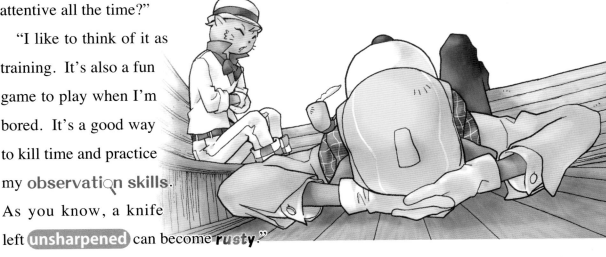

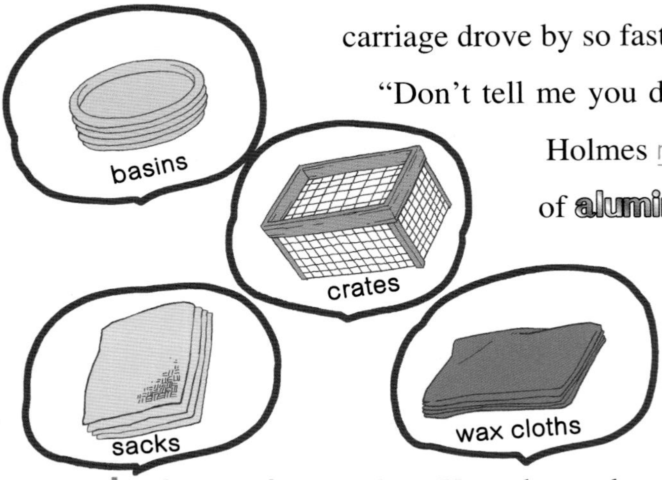

"Don't tell me you didn't manage to catch a look," said Holmes matter-of-factly. "I saw a number of **aluminium basins piled into a stack**. There were also a few wooden **crates**, some **wax cloths** and some empty **sacks**."

"I guess it's true that **a leopard doesn't change its spots**. You always have an eye for detail, even when your eyes are only half-open," said Watson in a half-admiring and half-teasing tone. "But that was just a random passing carriage. Don't you feel tired being so alert and attentive all the time?"

"I like to think of it as training. It's also a fun game to play when I'm bored. It's a good way to kill time and practice my **observation skills**. As you know, a knife left **unsharpened** can become **rusty**."

Glossary stir(red) up (片語動) 揚起、捲起　reckless (形) 魯莽的　matter-of-factly (副) 語氣平淡地、不帶感情地　aluminium (名) 鋁(金屬)　basin(s) (名) 盆　pile(d) into (片語動) 堆放　stack (名) 一疊　crate(s) (名) 箱　wax cloth(s) (名) 漆布、蠟布　sack(s) (名)麻袋、布袋　a leopard doesn't change its spots (習) 江山易改，本性難移　observation skill(s) (名) 觀察力　unsharpened (形) 沒有磨利的　rusty (形) 生鏽的

Watson **shrugged** his shoulders to show his **indifference** to his old partner's words. Little did he know that they had already plunged head first into a mysterious murder case the moment that other carriage **whooshed** by. Moreover, Holmes's **formidable** observation skills had already grasped onto the key to solving the case!

A short while later, the escort carriage had reached the local police station and the killer was **swiftly** handed over.

"I am so not looking forward to the half-day long train ride back to London. The boredom is going to be **unbearable**!" complained Holmes as he walked out of the police station while letting out a big yawn.

"What's with the long face? I find it rather pleasant to handle simple cases sometimes," said Watson.

"Watson, how could you be so unambitious? We are private detectives. It is always our wish to challenge ourselves with the most complicated and **bizarre** cases. The police can take care of the easy ones themselves," **scoffed** Holmes.

At that moment, a middle-aged man who looked like a farmer ran past Holmes and Watson. As the farmer hurried towards the police station, he shouted, "Please help me! The honeybees at the bee farm are all dead!"

Holmes stopped walking as soon as he heard those words. Within the **duration** of one single second, the look in his eyes changed from bored stiff to glimmering with excitement. Holmes turned around and asked the farmer, "What did you just say?"

Mistaking Holmes as a plain-clothes police officer, the farmer replied, "The honeybees at my bee farm have suddenly all died this morning. I'm here to report the case."

Glossary shrug(ged) (動) 聳(肩)　indifference (名) 不感興趣　whoosh(ed) (動) 飛快地駛過
formidable (形) 可怕的　swiftly (副) 迅速地　unbearable (形) 難以忍受的　bizarre (形) 稀奇古怪的、怪誕的
scoff(ed) (動) 嘲諷　duration (名) 期間

"Could it be an **infectious disease**?" asked Watson curiously. Even though Watson was not trained in **veterinary medicine**, he knew that animals or insects dying in large numbers at the same time often had to do with infectious diseases.

"That's impossible. Even if there were an infectious disease, the bees would die in **batches** as the disease spread. They wouldn't all die at the same time," said the farmer while shaking his head.

"Are you saying that the bees were doing fine all along until now?" asked Holmes.

"Yes, they were fine yesterday. They flew to the flowers to collect **nectar** and **pollen** then they all returned to the **hives** as usual. There was nothing **peculiar** about them," replied the farmer.

"Fascinating," said the **intrigued** Holmes.

"I beg your pardon?" cried the upset farmer. "The mass death of honeybees is no laughing matter. It's **pollination** season now so it's impossible to find a new bee colony replacement. Do you have any idea what would be the loss if we missed the season? This isn't 'fascinating' at all!"

"I am so sorry," **apologised** Holmes upon realising his **callous** word choice. "You are absolutely right. This is no laughing matter. But shouldn't you be reporting to the Board of Agriculture? Why have you come to the police station?"

"Because I believe the bees were **deliberately** killed by someone. I've come to the police station to report a murder. The Board of Agriculture can't solve a murder so why go there?" said the farmer.

Holmes looked over to Watson and let out a grin, as though to say, "Isn't this the

Glossary infectious disease (名) 傳染病 veterinary medicine (名) 獸醫學 batch(es) (名) 一批、一羣 nectar (名) 花蜜 pollen (名) 花粉 hive(s) (名) 蜂巢 peculiar (形) 異常的、奇怪的 intrigued (形) 好奇的、感興趣的 pollination (名) 傳播花粉、授粉 apologise(d) (動) 道歉 callous (形) 無情的 deliberately (副) 故意地

most interesting case ever? We have dealt with many murders of humans, but this is the first time we've come across the murder of honeybees! This is a once-in-a-lifetime opportunity that we simply can't miss!"

Finding Holmes's **demeanour** rather strange, the farmer asked suspiciously, "Excuse me, are you not a police officer?"

"Don't worry. The police chief and I are old friends. Come with me!" said Holmes as he put his arm around the farmer's shoulder and accompanied him to the police station.

Letting out a sigh while shaking his head, Watson had no choice but to **follow suit**. He knew that his old partner must feel very excited to **stumble upon** this bee-murder case after solving that **uneventful** human-murder case. Watson knew too well that Holmes's busy brain must be operating in full speed now.

Martin was the name of the farmer. He was a hired beekeeper at a local bee farm called Henry Bee Farm. According to Martin, he woke up this morning at 6 o'clock and the bees looked fine when he checked on them after he had a quick breakfast. At around 9 o'clock, the bee farm owner sent someone over and asked Martin to go buy some supplies, so Martin hopped into his carriage and went to town to do his shopping. Two hours later, which was around 11 o'clock, Martin returned to the bee farm only to discover that the bees had all fallen to the **bottommost** layer of the beehive boxes. The bees had all died mysteriously.

Glossary demeanour (名) 言行舉止 follow suit (片語) 跟着做 stumble upon (片語動) 無意中碰到、偶然發現 uneventful (形) 平淡的、乏味的 bottommost (形) 最低的、最底層的

The Mysterious Cause of Death

"Is this why you've come here to report your case?" asked Holmes inside the police station interview room.

"Yes," nodded Martin.

"This really is a bizarre case," said the **chief constable** with his chubby chin in his **pudgy** hand after listening to Martin's story. The chief constable, Hoggrim, was an old friend of Holmes's back in secondary school. He was the one who asked Holmes to come to Kent to help investigate that simple, **open-and-shut homicide**. He definitely had not expected this puzzling bee-murder case to turn up all of a sudden just as he was bringing the human-murder case to a close.

"Are you saying that the honeybees had died within the two-hour time frame that you were away from the bee farm?" asked Holmes.

"Yes, which is why I'm certain that the bees were deliberately killed by someone..." said Martin as he choked in **sorrow**. "The honeybees were too **adorable** to deserve such a horrible death. Whoever did this must have a stone cold heart..."

Watson was not an expert in honeybees so he was not sure if "adorable" was a fitting word to describe honeybees. But one thing he knew for certain was that farmers loved their animals and truly cared for them. So perhaps in Martin's eyes, the honeybees really were the most adorable creatures in the world.

Glossary chief constable (名) 警察局局長 pudgy (形) 圓胖的 open-and-shut (形) 容易解決的 homicide (名) 殺人案 sorrow (名) 傷痛 adorable (形) 可愛的

After a brief pause, Holmes asked a question that was very simple yet it had never crossed Watson's mind, "Don't bees fly out to collect pollen and nectar early in the morning? Why did they all stay in the beehives and didn't fly off?"

Chief Hoggrim chimed in as his eyes lit up, "Yes, yes, yes! That is a good question. Did the bee-killer have a way to **summon** the bees back to the hives before killing them?"

Martin shook his head and replied, "Only a **layman** would ask such a question. Haven't you noticed that it has been raining all morning? The rain has only **let up** around half an hour ago. Bees don't leave their hives on rainy days."

"Why is that? Are bees afraid to get wet, just like humans?" asked Watson curiously.

"That's right. We humans can use umbrellas but bees don't have that option. They can't fly when raindrops beat down on their wings. The strike could be so hard that they could fall and die," replied Martin.

"I see," said Holmes. "This means that the killer must be someone who is familiar with bee behaviour, otherwise he wouldn't have picked a rainy day to do his **deed**."

"Perhaps the killer is also in the beekeeping business," **speculated** Watson.

Holmes agreed with a nod then asked Martin, "Who else was at the bee farm this morning besides you?"

"Nobody," said Martin. "Our bee farm has three beekeepers. Besides myself,

Glossary summon (動) 召集　layman (名) 外行人、門外漢　let up (片語動) 停止　deed (名) 行為、行動
speculate(d) (動) 猜測、估計

the other two beekeepers don't start their work day until after two o'clock in the afternoon."

Holmes blew out a cloud of smoke from his pipe then continued to ask, "Has anyone suspicious come around the bee farm lately?"

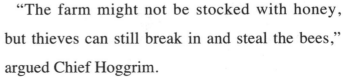

Yes, yes, yes!
That is a
good question...

"Yes, yes, yes! That is a good question. Have you seen anyone suspicious?" asked Chief Hoggrim.

"I haven't come across anyone suspicious. But then again, we don't have any security guards at the farm and the gates are not locked either. Anyone can walk in easily," said Martin.

"How could you be so lax with your farm's security? You should take better caution," **chided** Chief Hoggrim.

Martin scratched his head and said, "Well, it isn't harvest season yet so there is no honey in the farm for burglars to steal. The farm doesn't need security measures, really."

"The farm might not be stocked with honey, but thieves can still break in and steal the bees," argued Chief Hoggrim.

"That's not something we need to worry about. Stealing bees is very difficult. The thieves could stir up an attack from the bees and get stung to death."

"The bees themselves are the best security guards. How interesting!" Watson was becoming more intrigued by this curious case.

Glossary lax (形) 不嚴謹的、鬆散的、馬虎的 chide(d) (動) 指責、斥責

Holmes suddenly muttered to himself, "Murdering a man needs a murder weapon, such as a gun, a knife or a baton. So what kind of weapon is needed to murder bees?"

Upon hearing those words, Chief Hoggrim immediately said to Martin, "Yes, yes, yes! That is a good question. Do you have any clues?"

Watson could not help but think that this chief constable was an utterly useless police officer with no observational or **analytical skills** of his own. The only thing that he seemed to be capable of doing was **reiterating** Holmes's questions and **chime in** with his "Yes, yes, yes". Chief Hoggrim and Holmes might have studied at the same secondary school, but the way their brains worked could not be more different.

Martin cast a sidelong glance at the plump chief constable and sighed, "The most convenient way to kill so many bees in one go is by poisoning."

"Poisoning?" gasped the astonished Watson. "Like poisoning their feed?"

"No. The poison that I'm talking about is **insecticide**. Only by **spraying** insecticide can you kill so many bees in so short a time," said Martin.

"But your bees didn't die from insecticide, right?" asked Holmes, knowing that Martin would have mentioned it already if he had found the cause of death to be insecticide.

"Yes, yes, yes! That is a good question. Your bees didn't die from insecticide, right?" Chief Hoggrim

Glossary analytical skills (名) 分析能力 reiterating (reiterate) (動) 重申 chime in (片語動) 插嘴附和
insecticide (名) 殺蟲劑 spray(ing) (動) 噴、灑

repeated Holmes's words like a parrot.

At this point, Martin was thoroughly **fed up with** the chief constable. "Will you please stop saying 'Yes, yes, yes'? Do you have any idea how annoying that sounds?" shouted Martin **irritably** before he continued, "What killed the bees was definitely not insecticide!"

Chief Hoggrim was so shocked by Martin's sudden **outburst** that he immediately apologised, "Yes, yes, yes. I'm so sorry. I won't say it again."

The three men were so thrown off by the Hoggrim's **fumbling** response that they almost fell over.

After Martin's frustration had calmed down a bit, Holmes suggested, "Why don't we all go to the bee farm and take a look together. Maybe we can find some clues there on the cause of death."

Martin agreed with a silent nod then led Holmes, Watson and Chief Hoggrim to his workplace, Henry Bee Farm.

Next time on **Sherlock Holmes** — Salt grains were discovered by the riverbank when Holmes and his group reached the bee farm. Could this be related to the honeybees' mass death?

Glossary fed up with (片語) 厭煩、忍無可忍 irritably (副) 煩躁地 outburst (名) 情緒爆發
fumbling (形) 笨拙的

學 語文 ｜ 習 通識 ｜ 愛 閱讀

跨學科教育月刊

兒童的學習

訂閱 1 年，可獲低於 85 折優惠

每月15日出版

定價 $38

增長語文知識，培養閱讀興趣！

愛閱讀

大偵探福爾摩斯 少年福爾摩斯

唐泰斯成功報仇後找到了妻子美蒂絲，但見她已建立了幸福的家庭，只好黯然身退。此時，美蒂絲的幼子夏洛克從家中步出，唐泰斯悄悄尾隨。當去到一家雜貨店時，卻遇上店主豬大媽遇劫受傷，更在店中與猩仔久別重逢。

豬大媽不肯報警，又對遇襲一事有所隱瞞，唐泰斯只好化身成為法醫，帶領夏洛克和猩仔一起調查。一查之下，他發現豬大媽似乎認識施襲者，更從一頂可疑的氈帽內找出線索，令疑犯無所遁形！另一方面，唐泰斯亦藉此案把少年福爾摩斯帶進犯罪世界，助他踏出探案的第一步！

學語文

SHERLOCK HOLMES 大偵探福爾摩斯

每期連載《大偵探福爾摩斯》英文版，讓讀者通過輕鬆閱讀來學習英文生字及文法，提升英文閱讀及寫作能力。

SAMBA FAMILY

中英對照的《森巴FAMILY》透過生動活潑的漫畫故事，讓讀者掌握生活英語的竅門及會話技巧。

習通識

學習專輯

每期專題深入淺出地介紹人文、社會、文化、歷史、地理或數理等知識，啟發多元發展，培養讀者觀察力和分析能力。

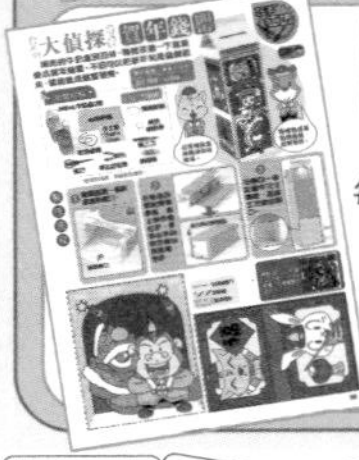

巧手工坊　簡易小廚神

每期均有親子 DIY 專欄。讀者可親手製作小勞作或料理，有助提升集中力和手藝，並從實踐中取得學習樂趣。

訂閱 兒童的學習 請在方格內打 ☑ 選擇訂閱版本

凡訂閱 1 年，可選擇以下 1 份贈品：
☐詩詞成語競奪卡　或　☐大偵探福爾摩斯 偵探眼鏡

或

大偵探福爾摩斯 偵探眼鏡

訂閱選擇	原價	訂閱價	取書方法
☐半年 6 期	~~$228~~	$209	郵遞送書
☐ 1 年 12 期	~~$456~~	$380	郵遞送書

訂戶資料

月刊只接受最新一期訂閱，請於出版日期前 20 日寄出。
例如，想由 4 月號開始訂閱 兒童的學習，請於 3 月 25 日前寄出表格，您便會於 4 月 15 至 20 日收到書本。

訂戶姓名：＿＿＿＿＿＿＿＿ 性別：＿＿＿＿ 年齡：＿＿＿＿（手提）＿＿＿＿＿＿＿＿

電郵：＿＿＿＿＿＿＿＿＿＿＿＿＿＿＿＿

送貨地址：＿＿＿＿＿＿＿＿＿＿＿＿＿＿＿＿

您是否同意本公司使用您上述的個人資料，只限用作傳送本公司的書刊資料給您？

請在選項上打 ☑。　同意☐　不同意☐　簽署：＿＿＿＿＿＿＿＿日期：＿＿＿＿年＿＿＿＿月＿＿＿＿日

付款方法

請以 ☑ 選擇方法①、②、③或④

☐① 附上劃線支票 HK$＿＿＿＿＿＿＿＿（支票抬頭請寫：Rightman Publishing Limited）
銀行名稱：＿＿＿＿＿＿＿＿ 支票號碼：＿＿＿＿＿＿＿＿

☐② 將現金 HK$＿＿＿＿＿＿ 存入 Rightman Publishing Limited 之匯豐銀行戶口（戶口號碼：168-114031-001）。
現把銀行存款收據連同訂閱表格一併寄回或電郵至 info@rightman.net。

☐③ 用「轉數快」(FPS) 電子支付系統，將款項 HK$＿＿＿＿＿＿＿＿轉數至 Rightman Publishing Limited 的手提電話號碼 63119350，把轉數通知連同訂閱表格一併寄回、WhatsApp 至 63119350 或電郵至 info@rightman.net。

☐④ 在香港匯豐銀行「PayMe」手機電子支付系統內選付款後，按右上角的條碼，掃瞄右面 Paycode，→
並在訊息欄上填寫①姓名及②聯絡電話，再按付款便完成。
付款成功後將交易資料的截圖連本訂閱表格一併寄回；或 WhatsApp 至 63119350；或電郵至 info@rightman.net。

正文社出版有限公司
Scan me to PayMe
PayMe HSBC

收貨日期

本公司收到貨款後，您將於每月 15 日至 20 日收到 兒童的學習

填妥上方的郵購表格，連同劃線支票、存款收據、轉數通知或「PayMe」交易資料的截圖，寄回「柴灣祥利街 9 號祥利工業大廈 2 樓 A 室」匯識教育有限公司訂閱部收、WhatsApp 至 63119350 或電郵至 info@rightman.net。

訂閱雜誌

除了寄回表格，也可網上訂閱！

SAMBA FAMILY

Glued To The TV!!

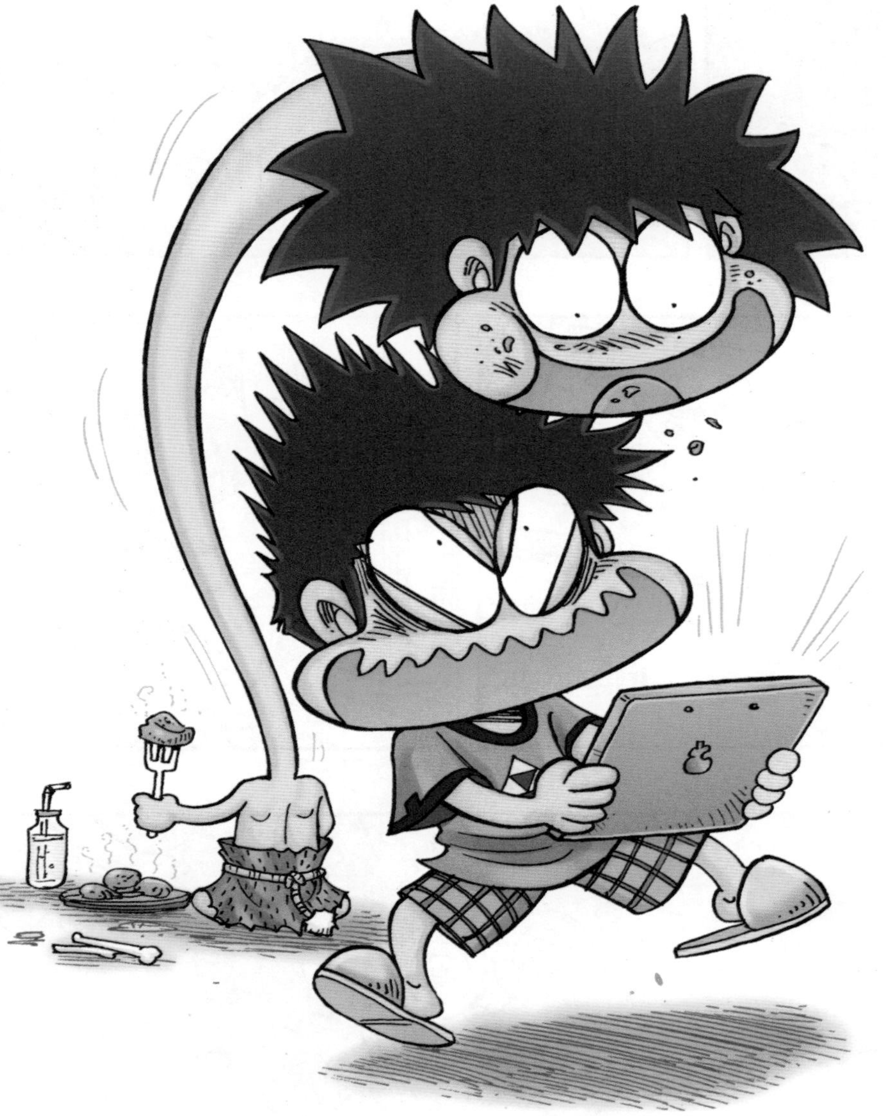

ARTIST: KEUNG CHI KIT **CONCEPT: RIGHTMAN CREATIVE TEAM**

人人醫院　醫院　龍小剛

……
Long Xiao Kang, you have a visitor.
Ah!?

龍小剛，你有訪客。　啊!?

Hi, Kang! I'm here to visit you!!
How are you feeling now!?
Uncle !?

嗨，小剛！我來探你!!　你還好嗎!?　阿伯!?

這個花圈送給你!! 致小剛 願逝者安息 阿伯贈 甚麼!?我還未死！ 嗚~好痛……

I was wondering, why were you suddenly hospitalized !?
Well, it's a long story ...
Long Xiao Kang
That's ok, all I have is time. Tell me...
Please get off my bed!

話說回來，為何你會突然入院!? 嗯，說來話長…… 龍小剛 不要緊，我有的是時間。告訴我吧…… 離開我的床！

Chew chew ...
Tell me what's your story.
Well, it's all started yester-day morning ...
26 hours ago ...

嚼嚼…… 告訴我你的故事。 嗯，一切由昨天早上開始…… 26小時前……

Hey, you three!! Have you watched enough TV yet !?

喂，你們三個!!還未看夠電視嗎!?

未 看 夠

You've been sitting here the whole day! What is so interesting on TV anyway ?

muske-teers

outer space

你們已經坐在這裏一整天了！
電視有甚麼有趣？

外 星 三 劍 客

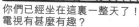

Oh!? Is that a cartoon ?
SPACE MUSKETEERS

哦!?卡通嗎？

外星三劍客

Gi gi gi gu gu ~~
Wa la wa la wa la la!!
Ge ge~~~~ Ge ge~~~~
Gi~ Gu~
Lo~ ~~

嘰嘰嘰咕咕~~ 哇啦哇啦哇啦啦!! 咯咯~~~~咯咯~~~~ 嘰~咕~ 囉~~~

Why can't I understand anything at all!?
Have I gotten out of touch with what kids like nowadays!?
Monkey, how could you watch this thing throughout the whole day!?
Because this cartoon has many episodes!

為何我看不明白!? 莫非我與時下的小朋友脫節了!? 馬騮，為何你整天都在看這個節目!? 因為這套卡通有很多集！

"Three musketeers from outer space" has 50 episodes in total, and the TV station is streaming every episode today.
30 mins.
×
50
=
25 hrs.
Every episode takes 30 minutes, so it will take a whole day to finish it!!
So you won't even have time to go to the toilet?
Commercial time
It's commercial time!! Quick! Let's go to the toilet now!!
I've been holding it for 2 hours! I can't take it anymore!
Grrr ~~~~

《外星三劍客》共有50集，而電視台會在今日播完全集。 每集30分鐘，看完要一日!! 連去廁所的時間都沒有？ 是廣告時間!! 快！去廁所!! 廣告時間 嗚~~~ 忍了兩小時！快忍不到了！

嘎~放鬆了~ 繼 續 看 小心！憋尿太久會生病的!!

喂!! 你們有在聽我説話嗎!?

劇終

啊~~終於……
播完最後一集……

有點不捨得……

兜巴哥，幫我準備熱水……
我要洗澡！

遵命!!

他們終於看完電視了……

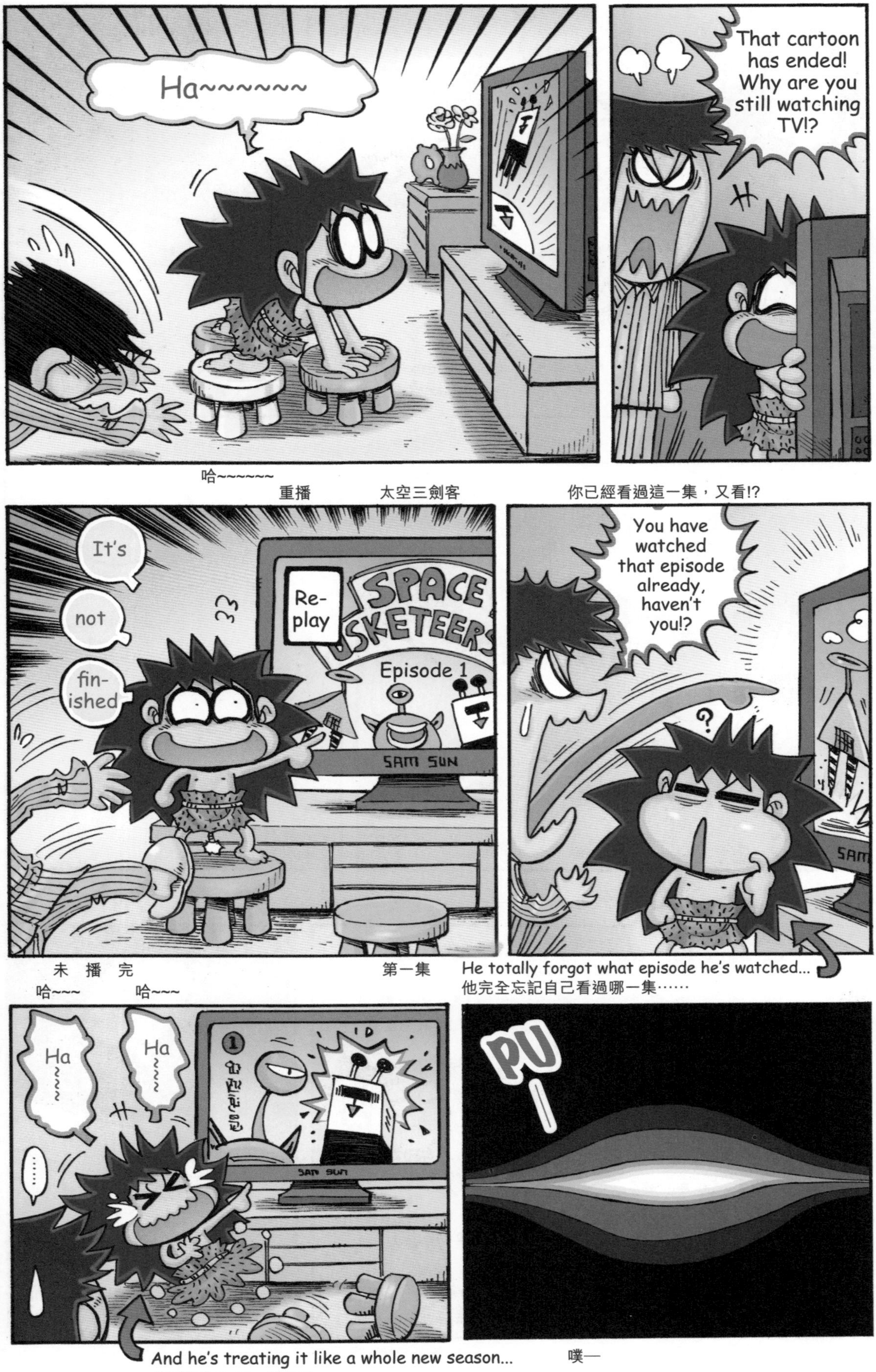

卡通已經播完！你為何還在看電視!?

哈~~~~~~

重播　太空三劍客

你已經看過這一集，又看!?

未 播 完

第一集

他完全忘記自己看過哪一集……

哈~~~　哈~~~

他還當作全新一季來看……

噗—

啊~~~　　不　見　了　　是啊~三劍客回太空睡覺了……　　嗶

耶~~~　　回　來　了　　計劃失敗……
他懂得開電視……　　嗶

啊~~~　　又　不　見　了　　是啊，他們睡了…　　嗶

啊~~~ 又 回 來 了 喂!!不准再開電視!! 已經很晚了!!快去睡覺!!

嗶 誰又開電視!? 嗶 嗶 嗶 嗶 喂!!這不是食物！不要搬走!! 啊!!

哦！這是我最喜歡的女子偶像組合~~~~美女時代!!

電視不斷開關很易壞……由它開着一會吧~

不 准 看 砰— 哇!!

你為何打碎部電視!? 她 們 都 要 回 去 睡 覺

啊……又要買部新電視…… 一 起 去 睡

我 們 上 床 睡 覺 吧 好吧……至少他不再看電視，肯去睡……

我可以靜靜地看美女時代~

沒有人~♪ 沒有人~♪ 只有你♬ 哈~~~ 她們很漂亮~

咦!?誰沒關廁所門!? 哈~~~

你們竟敢偷看電視!? 弊！被發現了!! 跑啊!! 為何電視也懂得跑!?

嗄~這裏應該安全……
繼續看!!
哈~~~

不准看電視!!
哇!!

你們一定是用了媽媽發明的「電視機械人」看卡通!!
我只是想測試它的功能……
哈~

嗄嗄……小剛應該不會在這裏找到我們……

嘿嘿嘿~你們無處可逃了!!
啪—
哇!!

How did you find us in such a short time!?
Hehe!! Because I have an ultimate tracking device~~~~
Tiger-maru!!
Meow~

你如何在這麼短的
時間內找到我們!?
嘿嘿!!因為我有一個
最好的追蹤器~~~~
虎丸!!
喵~

I only have to plant a dried shredded squid on Samba's body...
And Tiger-maru will help me find Samba immediately!!
……
Now that I have the custody of the TV robot, you guys better go to sleep!!
……

我只要放一條魷魚絲在
森巴身上……
虎丸就能馬上
幫我找到森巴!!
「電視機械人」由我保管，
你們快去睡覺!!

……
Give me the remote control!!
You wish!!
Bi
BANG!
Argh~~~~

遙控器給我!!
想得美!!
嗶
砰—
嗚~~~

嘿嘿嘿，不讓我們看電視!? 嗶 嗶 嗶 救我，虎丸!! 喵~~~ 啪—

喵 啊~~我不是要你踩我!! 哈哈~~ 哈~~~

喵

轟！

喂!!你有在聽嗎!?

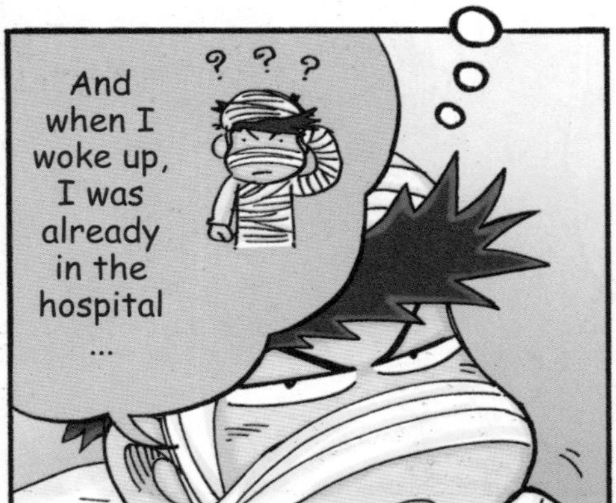

當我醒來，我已經在醫院了……

哦……哦……

龍小剛

呀，小剛!!你沒事就好了！

我看得出你不想來探我!!
誰叫你來的!?說吧!!

其實……有隻馬騮給我錢，
要我來探你……

馬騮!?

哈~~~~~~ 哈哈~~~~~~

哇~~~ 好痛~~~

You guys are glued to the TV and don't want to visit me at all!! Darn it!!

It's hurts~~~

Kids, remember not to get too glued to the TV~

你們只顧看電視，
也不來探我!!可惡!!

小朋友，千萬不要
沉迷看電視~

完……

兒童的學習 NO.61

請貼上
$2.0郵票

香港柴灣祥利街9號
祥利工業大廈2樓A室
兒童的學習編輯部收

2021-3-15 ▼請沿虛線向內摺。

請在空格內「✔」出你的選擇。

問卷

有關今期內容

Q1：你喜歡今期主題「百年通訊大戰！5G新時代」嗎？
01☐非常喜歡 02☐喜歡 03☐一般 04☐不喜歡 05☐非常不喜歡

Q2：你喜歡小說《大偵探福爾摩斯——少年福爾摩斯》嗎？
06☐非常喜歡 07☐喜歡 08☐一般 09☐不喜歡 10☐非常不喜歡

Q3：你覺得SHERLOCK HOLMES的內容艱深嗎？
11☐很艱深 12☐頗深 13☐一般 14☐簡單 15☐非常簡單

Q4：你有跟着下列專欄做作品嗎？
16☐巧手工坊 17☐簡易小廚神 18☐沒有製作

Q5：你要參加電影《STAND BY ME多啦A夢2》贈券（兩張）獎賞活動嗎？
19☐要贈券 20☐不要

Q6：你要參加《兒童的學習》5周年簽名板獎賞活動嗎？
21☐要《森巴FAMILY》簽名板 22☐要《M博士外傳》簽名板 23☐不要

請沿實線剪下

讀者意見區

快樂大獎賞：
我選擇 (A-I)

請沿實線剪下

只要填妥問卷寄回來，就可以參加抽獎了！

感謝您寶貴的意見。

請在此部分塗上膠水。

讀者資料

姓名：	男 女	年齡：	班級：
就讀學校：			
聯絡地址：			
電郵：		聯絡電話：	

你是否同意，本公司將你上述個人資料，只限用作傳送《兒童的學習》及本公司其他書刊資料給你？（請刪去不適用者）

同意/不同意　簽署：＿＿＿＿＿＿＿＿　日期：＿＿＿年＿＿月＿＿日

請在此部分塗上膠水。

讀者意見收集站

A 學習專輯：百年通訊大戰！5G新時代
B 大偵探福爾摩斯——科學鬥智短篇 少年福爾摩斯③
C 巧手工坊：STAND BY ME多啦A夢2 時光機卡片座
D 讀者信箱
E 《兒童的學習》5周年
F 快樂大獎賞
G 簡易小廚神：免焗果凍芝士蛋糕
H 知識小遊戲
I 成語小遊戲
J SHERLOCK HOLMES：The Honeybee Murder①
K SAMBA FAMILY：Glued to The TV!!

*請以英文代號回答**Q7**至**Q9**

Q7. 你最喜愛的專欄：
第 1 位 24＿＿＿＿　第 2 位 25＿＿＿＿　第 3 位 26＿＿＿＿

Q8. 你最不感興趣的專欄： 27＿＿＿＿ 原因：28＿＿＿＿

Q9. 你最看不明白的專欄： 29＿＿＿＿ 不明白之處：30＿＿＿＿

Q10. 你覺得今期的內容豐富嗎？
31□很豐富　32□豐富　33□一般　34□不豐富

Q11. 你從何處獲得今期《兒童的學習》？
35□訂閱　36□書店　37□報攤　38□OK便利店
39□7-Eleven　40□親友贈閱　41□其他：＿＿＿＿

Q12. 你有瀏覽過《兒童的學習》的Facebook專頁和YouTube頻道嗎？
42□有　43□沒有

Q13. 你期望在《兒童的學習》的Facebook專頁和YouTube頻道看到甚麼資訊？
44□內容預告　45□巧手工坊製作方法　46□簡易小廚神製作方法
47□專題相關資訊　48□新書出版資訊　49□其他＿＿＿＿

Q14. 你還會購買下一期的《兒童的學習》嗎？
50□會　51□不會，原因＿＿＿＿